论语全译

罗晓晖 译释

四川人民出版社

图书在版编目（ＣＩＰ）数据

论语全译 / 罗晓晖译释. —— 成都：四川人民出版社，2024.1

ISBN 978-7-220-13418-0

Ⅰ. ①论… Ⅱ. ①罗… Ⅲ. ①儒家②《论语》—译文
Ⅳ. ①B222.24

中国国家版本馆CIP数据核字（2023）第159844号

LUNYU QUANYI

论语全译

罗晓晖　译释

选题策划	李淑云
责任编辑	李京京
装帧设计	李其飞
责任校对	任学敏
责任印制	周　奇

出版发行	四川人民出版社（成都市三色路 238 号）
网　　址	http://www.scpph.com
E-mail	scrmcbs@sina.com
新浪微博	@ 四川人民出版社
微信公众号	四川人民出版社
发行部业务电话	（028）86361653　86361656
防盗版举报电话	（028）86361656
照　　排	四川胜翔数码印务设计有限公司
印　　刷	成都蜀通印务有限责任公司
成品尺寸	155mm × 230mm
印　　张	18.5
字　　数	210 千
版　　次	2024 年 1 月第 1 版
印　　次	2024 年 1 月第 1 次印刷
书　　号	ISBN 978-7-220-13418-0
定　　价	89.00 元

读者对象

读者宜具备初中及以上文化程度。

我年轻时就读过《论语》。出于对孔子之教的敬重，我较早就发心写一本《论语》的译解，让十五岁到七十岁的中国人都能阅读。为什么是从十五岁到七十岁？这是因为，在我看来，《论语》是国人须用一生来读的书，对《论语》的学习应始于十五岁而终于七十岁，这正好与孔子的一生呼应——孔子自述平生认知发展历程，始于"十有五而志于学"，终于"七十而从心所欲不逾矩"。

译释要求

要达成上述目的，须至少满足两项要求：一是译文表意清晰，明确可靠；二是释义力求简明，避免烦琐。这两项看似简单，实则很难。译文当尽力还原《论语》本意，须反复研究前贤注疏，亦须运用语文知识加以权衡；但征引与论证又会导致行文烦琐，不利阅读。我年轻时读古书，最不耐烦的就是连篇累牍的注解；本书取消了译注古书通常排序列出的复杂注释，目的是让阅读体验更为清爽。

本书是对《论语》的"译释"。"译"就是翻译，以直译为原则，有时也为表意清晰而在译文中作十分克制的添加；"释"就是解释，或解释为何如此翻译，或对译文未必清楚的地方作补充解释。本书宗旨是还原《论语》原意，不作义理发挥。这是传承古人注疏的传统。今人讲《论语》者甚多，或逞其博学，引文繁多；或显其善思，引申经义，对读者如实地理解古代典籍或无增益。

译释方法

如实释读《论语》，可靠的方法是用语文的方式。这里有三个关键点。

第一，维持对词义的稳定理解。譬如"朋""友"，两字在《论语》中多有单独出现，词义是不同的，当其作名词，指称的对象是人，"朋"指同学，"友"指同道。那么，当此二字连续出现且指称对象是人，亦宜理解为同学与同道，而不宜理解为当今所谓"朋友"，如"与朋友交而不信乎""与朋友交，言而有信""朋友数，斯疏矣"等处，均解释为"同学与同道"。

保持理解的稳定性很重要，这是还原文意的基础。每个人都有个人的话语习惯，对自己惯常使用的词汇的理解是稳定的。譬如《论语》中讲"仁"，也讲"仁者"和"仁人"。"仁"和"仁者""仁人"在孔子话语中的多数场合是有区别的，比如"志士仁人，无求生以害仁，有杀身以成仁"，在这个句子中，"仁"是作为价值概念的"仁"，"仁人"则是作为"仁"的追求者的人，显见二者不同。又如"里仁为美"，钱穆也说是"居于仁为美"而不是"择仁者之里而处"，不把"仁"解释为"仁人"。同样地，我把"泛爱众而亲仁"的"亲仁"翻译为"亲近仁德"（所亲近者是抽象的价值），而不是像通行译本那样翻译为"亲近仁者"（所亲近者是具体的人）。我也不赞同通行译本把"泛爱众而亲仁"断句为"泛爱众，而亲仁"，因为这个"而"是连词，表示"泛爱众"和"亲仁"之间存在着某种关系。分析这种关系就会发现，"泛爱众"是博爱众人，这是具体的做法；"亲仁"是亲近仁德，这是内在道德情感的提升——"泛爱众"是养成亲近仁德之心的方式。这也进一步印证了把"仁"释为"仁德"的合理性。把"仁"解释为"仁人"，有"增字解经"之嫌。

第二，符合语言表达的基本规律。譬如《学而篇》第一章，三个"不亦……乎"的连续出现，可证三句话是同一语境中被连续讲出来的，则应满足语意连贯性要求。为符合这样的要求，我的翻译不同于前贤。本章译释中对此有详细解释，请读者参考。我认为这是非常重要的，本书中用此种方式处理译文的例子甚多，兹不一一。

第三，尊重基本的逻辑和情理。譬如"人无远虑，必有近忧"，多被理解为"一个人没有长远的考虑，一定会有眼前的忧患"。表面上看来没问题，实际上却并不符合事理，生活经验告诉我们，多数人都未必有长远考虑，但未必会因此而导致忧患近在眼前。反复斟酌，我把此句翻译为"一个人没有长远的打算，一定是因为他有眼前的忧患"——孔子是在指出一个常见的事实：人们很难兼顾当前与长远，眼前的困难会妨碍一个人做出长远的打算。人们普遍喜欢设想未来，但他们必须首先面对和解决眼前的问题。这样的理解，是符合事理逻辑的。

参考书籍

我翻译《论语》的做法，是先素读原典，写出译文（有时须利用各种字书），然后再来参考前贤著述。这样做的好处是直面《论语》，避免一开始就隔着前人的意见去面对经典。

但单凭自己有限的学养是不够的。翻译之后，再借助一些书来对照，审查译文有哪些地方不准确，有哪些地方须调整。查阅的资料很多，主要参考书目有三类：

第一类是字书。翻译之时和翻译之后，字书均有大用。利用《说文解字》（简称《说文》）以及段玉裁《说文解字注》（简称段注），了解字词的古义。《论语》毕竟是汉代之前的著作，成书于汉代的《说文》，显然是最重要的工具书。然后是《康熙字典》，可查到相关字义在汉代之前的一些近似用例。《说文》其他三家注本和别的字书也有，但用得很少。

第二类是古代注疏。查阅的注疏较多，主要是《诸子集成》中的《论语正义》以及《船山全书》中的《四书训义》。这些书的作用，主要是与自己的译文相参酌。若仍有疑义，则再结合《说文》来斟酌，并尽量查阅先秦文献中的相关用例。

第三类是今人注本。这部分我手头的资料很少，主要有杨伯峻先生的《论语译注》。其主要作用是比对，修正自己的译文中不够畅达的地方。

利用这些资料来思考的过程比较复杂，但为行文简明，书中尽可能少地引用文献，一般只呈现思考结果，不呈现考辨过程。

目　录

1.1 子曰："学而时习之，不亦说乎？有朋自远方来，不亦乐乎？人不知而不愠，不亦君子乎？"

【译】

孔子说："学习之后，能在适当的时机实践所学到的，不也很舒心吗？有同学从远方来切磋所学，不也很愉悦吗？别人不了解自己学习的进境而自己并不郁闷，不也是有修养的君子吗？"

【释】

本章谈学习，三句话是连贯的。第一句谈学而能用的快乐，第二句谈切磋所学的快乐，第三句谈学有所成时内心稳定而自足的愉悦。

"学"是指学习知识，"习"是指把知识运用于实操。"朋"是指同门（同师）的人，"友"是指志趣相投的人，"朋"不宜径直翻译为"朋友"。"朋"有领悟亟须分享或有疑惑亟待求解，故虽在远地也不辞辛苦去与同门交流。根据语意连贯性要求，"人不知"，是指他人不了解自己的学问。

在此以本章为例，介绍我诠释《论语》章句的基本方法：

第一，尊重古代言语习惯，尊重古代注家的合理解释。例如，古代"朋""友"二字的语义有别，在《论语》中这二字也是区别使用的，同门叫作"朋"，同志叫作"友"，不能以今律古，把"朋""友"不加分别地笼统视为如今所谓的"朋友"。

第二，尊重传统的训诂学知识。例如，本章中的"习"，《说文》解释为"数飞也"，也就是鸟儿反复练习飞翔，有实践、反复实操以求熟练运用的含义。《论语》中还有"温故而知新"的说法，孔子不说"学而时温之"，就意味着"习"与"温"意思应有区别，把"习"解释为温习、复习并不妥帖。

第三，尊重基本的表达常识。例如，本章连续使用"不亦……乎"的句式，句法和语调均一致，应是孔子连续讲出来的，须符合同一语境下的语意连贯性要求。如果把本章三句分别解释为"谈学习""谈交友""谈君子"，则三句话话题不统一，意思不连贯，这违背同一语境下的表达通常具备语意连贯性的常识。本章若以学习来统摄各句句意，则可维持语意连贯性。

第四，揆诸普遍情理。例如，如果把第一句翻译为"学习之后按时复习，不也是愉快的吗"，则违背了我们的普遍经验——复习可随时发生而不需要按时，复习旧知识也未必能像学习新知识那样带来更多快乐，因其无法满足人的好奇心和对新知的渴望。又根据第二条可知，这种翻译对"时""习"二字的字义解释是不妥的。

由于本章中既有表示愉悦的"说"字，也有意思与之非常相近的"乐"字，用字有别，故宜辨析。下面对"说"和"乐"的翻译作一下解释。这个解释比较长，但不得不这么长。

"说"，用言语解说，开导。《说文》："说，释也。一曰谈说也。"《墨子·经上》："说所以明也。"综合上述二说，可知"说"含有开解与明了的意思；当其表示愉悦，则有从内心有所郁结到不再纠结、从有所不明而变得明白，进而豁然舒畅的含义。"说"通"悦"时，表示心情有所舒张，故可解释为"舒心"。

"乐"，本指乐器，音乐。《乐记》说："感于物而动，故形于声。声相应，故生变；变成方，谓之音。"引申为喜乐之乐。由于音乐是被激发的、和谐的，所以作为情绪的"乐"是因外缘而生发出来的愉悦情绪。这种愉悦相对平静，有别于"喜"，解释为"愉悦"。

《说文》把"喜"解释为"乐"，这个解释尚显粗糙。在佛教初禅中，"乐"和"喜"是不同的禅支。到了三禅，不再有"喜"，只有"乐"。"乐"是平静的快乐，而"喜"偏指踊跃的、不够平静的快乐。为表示"喜""乐"的区别，本书中把"喜"解释为"欢喜"（涌动的快乐），把"乐"解释为"愉悦"（平静的快乐）。

《说文》："愠，怒也。"段玉裁认为唐代时《说文》版本应不是"怒"而是"怨"。按："愠"与"怨"音近，郑玄注亦释"愠"为"怨"，段玉裁的说法是有道理的。《康熙字典》引《集韵》等书解释"愠"，认为"愠"与"蕴"的意思相近，有情绪蕴积、心有郁积的含义。权衡这些看法，结合本章意思，我认为把"愠"解释为"郁闷""气闷"比较妥帖，若解释为"恼怒""恼恨""愤怒"等，则太过了。

1.2有子曰："其为人也孝弟而好犯上者，鲜矣；不好犯上而好作乱者，未之有也。君子务本，本立而道生。孝弟也者，其为仁之本与！"

【译】

有子说："为人孝顺父母、敬爱兄长却喜欢触犯上级，这种现象极少；不喜欢触犯上级却喜欢作乱，这种现象不存在。君子致力于事情的根本，根本确立了，'道'就开始萌生了。孝顺父母、敬爱兄长，大概是实践'仁'的根本吧！"

【释】

本章是孔子弟子有若的话。大意是政治治理与伦理精神，都离不开基于血缘关系的最基本的人类情感——治理国家要提倡孝悌，因为一个孝悌的人是安分守己的；实践"仁"这样的伦理价值，也需要从孝悌这种最基本的人类情感入手。

孝，子女对父母的孝顺；弟，即"悌"，弟弟对兄长的敬爱。这是基于血缘关系的两种基本情感。中国古代把"孝悌"尤其是"孝"作为维持社会制度、社会秩序的基本道德准则，如李密《陈情表》说"圣朝以孝治天下"。"为仁之本"，实践仁的根本。"鲜"，极少，极度缺乏。"与"，即"欤"，语气词。

1.3子曰："巧言令色，鲜矣仁。"

【译】

孔子说："在不真诚的花巧言辞和假装出的和颜悦色之中，极少会有'仁'的存在。"

【释】

"巧言令色"的实质，是表里不一，隐瞒真实情感与立场，不符合"仁"的要求。孔子强调要真诚，要讲是非，要有原则。"令"，善，美好。

1.4 曾子曰："吾日三省吾身：为人谋而不忠乎？与朋友交而不信乎？传不习乎？"

【译】

曾子说："我每天从三个方面省察自己：为别人谋事，未能尽心吗？跟同学与同道交往，未能守信吗？我被传授的那些知识，未能付诸实践吗？"

【释】

本章是孔子弟子曾参的话。"三省"是本章提出的自我反省的方法，儒家是主张"反省内求"以不断求得进步的。"忠"，尽心。"朋友"，包括"朋"和"友"，同学和同道。

本章用三个问句来表达曾子对修身的理解，涵盖进德修业两个层面：前两个句子是就品德而言，也就是"主忠信"（见1.8）；后一个问句是就学业而言，是老师传授的六艺等知识。与本篇第一章相比，孔子虽然谈的是学习，但站位明显高于曾子。曾子论学，指向比较具体的事务；孔子论学，则指向了生命的愉悦（"不亦说乎""不亦乐乎"），并最终实现生命不假外求的自我圆满（"人不知而不愠"）。

1.5 子曰："道千乘之国，敬事而信，节用而爱人，使民以时。"

【译】

孔子说："引导拥有千辆兵车的国家的方法是：严肃认真地做事并且信实无欺，自己节省用度并爱护他人，在恰当的时间役使民众。"

【释】

这番话是针对统治者来讲的。"道"，即"导"，引导。"千乘之国"是指中等实力的国家（见 11.26 "千乘之国，摄乎大国之间"），不是大国。为使第一句跟下文语意关联更明显，对第一句的译文作了补充。

1.6 子曰："弟子入则孝，出则弟，谨而信，泛爱众而亲仁。行有余力，则以学文。"

【译】

孔子说："年轻后生，近处于父母跟前，就要孝顺；离开父母跟前，就要敬爱兄长；言行谨慎，待人信实；通过博爱众人的方式，来养成亲近仁德的心。这样去做了之后还有剩余的精力，就去学习文献知识。"

【释】

孔子认为，相较于学习文献知识来说，实践基本的伦理规范、培养仁爱之心，处于更加优先的地位。"弟子"，为人弟、为人子的后生。"泛爱众而亲仁"，这里的断句跟通行版本不同，我认为"泛爱众"与"亲仁"之间存在明显的语意关联，"而"字加强了这种关联，"泛爱众"是达成"亲仁"的路径。

1.7 子夏曰："贤贤易色；事父母，能竭其力；事君，能致其身；与朋友交，言而有信。虽曰未学，吾必谓之学矣。"

【译】

子夏说："对妻子，要重视贤德而轻略美色；侍奉父母，能竭尽自己的力量；侍奉国君，能奉献自己奋不顾身；跟同学和同道交往，说话能讲信用。这样的人虽说并未学过什么，但我一定说他学习过了。"

【释】

本章是孔子弟子子夏（卜商）的话，讲了夫妻、父子、君臣、朋友这几种重要的伦理关系。杨伯峻说"贤贤易色"应该是指夫妻关系而言，这是中肯的，符合本章的话语逻辑。从本章不难看出彼时对"学"的理解——"学"并非只是文献知识的学习，它具有很强的实践性，是服务于社会伦理需要的。

1.8 子曰："君子不重，则不威。学，则不固。主忠信。无友不如己者。过则勿惮改。"

【译】

孔子说："君子不庄重，就没有威严。要学习，就不能固执己见。为人要以忠信为主。不要把与自己不同类的人作为同道（那是不明智的也是不可能的）。错了，就不要怕改正。"

【释】

本章断句跟通行版本不同。孔子这里讲了五点意思，五句话相互独立，不相连贯。"学，则不固"是指学习要具备灵活性和接纳的心胸。此句理解为"只要学习，就不会固陋"，语义上来讲也比较妥适；但如果这样理解的话，"学，则不固"则是一般的道理阐发，跟其他几句的训示或告诫语气不合，表意角度不够密合。"友"是指同道（志同道合者）；"不如己"可理解为志趣跟自己不同，也可理解为修养不如自己，前者为佳。苏轼对此亦有疑惑，他说："世之陋者乐以不己若者为友，则自足而日损，故以此戒之。如必胜己而后友，则胜己者亦不与吾友矣。"

本章五句话缺乏语意连贯性，在话题上不统一，也无法通过合理的方式使话题统一起来，可见五句话未必是孔子在同一场合讲的，而是后代弟子们回忆夫子生平之言，在记录时被汇集到了一起。如此则可大致判断，本章保留有《论语》编集的痕迹。

1.9 曾子曰："慎终，追远，民德归厚矣。"

【译】

曾子说："慎重地对待老人的丧事，恭谨地追祭远祖。这样做的话，民众的心意就会归于忠厚了。"

【释】

本章的意思是，如果我们能慎重恭谨地对待那些已经不在世上的老人和远祖，就能影响到他人，使他人变得待人忠厚。死者不会再给我们带来现实的利益，但我们仍然能够好好地对待他们、感念他们曾经的恩德，这本身就是忠厚。

"德"的意思很丰富，在这里权且译为"心意"。"一心一德""同心同德"的"德"，就是这个意思。"德"（心意）若能合于天之"道"，这就是所谓"道德"。

1.10 子禽问于子贡曰："夫子至于是邦也，必闻其政，求之与，抑与之与？"子贡曰："夫子温、良、恭、俭、让以得之。夫子之求之也，其诸异乎人之求之与？"

【译】

子禽向子贡问道："夫子到了某个国家，一定过问得到该国的政事。这是他自己寻求到机会呢，还是别人给他机会呢？"子贡说："我的老师是凭着温和、贤良、恭谨、节制、谦让得以如此的。老师的寻求跟别人的寻求，大概不同吧？"

【释】

本章是讲孔子的人格感召力。子禽的问话并不友好，潜台词是质疑孔子是不是太过热衷于政务以至于卑屈地寻求参政机会。子贡的回答是说，孔子有机会参与这些国家的政务，靠的是他的人格感召力。

"子贡"即孔子的弟子端木赐。孔子的弟子称孔子为"夫子"，而子禽未必是孔子的弟子（《史记·仲尼弟子列传》不载此人），第一个"夫子"可视为对孔子的敬称。"闻"，了解。"闻政"，在这里的意思是过问、参与政务。"俭"，节制。段玉裁说，《说文》把"俭"解释为"约"，"约"是"缠束"的意思，所谓"俭"，是指"不敢放侈"，也就是自律、节制。

1.11 子曰："父在，观其志；父没，观其行。三年无改于父之道，可谓孝矣。"

【译】

孔子说："（对一个人是否孝顺可以这样观察）当他父亲在

世时，观察其心之所想是否符合父亲的心意；当他父亲去世了，观察其行为是否符合父亲生前提出的要求。如果一个人能在三年丧期中不改变父亲的教导，就可以说做到孝了。"

【释】

本章讲"孝"。"志"就是心意，《毛诗序》说"在心为志"。孔子并未说孝子必须一生唯父是从，所谓"三年无改于父之道"，指的是居丧期间。"道"，导。

1.12 有子曰："礼之用，和为贵。先王之道，斯为美。小大由之，有所不行；知和而和，不以礼节之，亦不可行也。"

【译】

有子说："礼的运用，以和谐为贵。这是古代君主治理方法中最美妙的地方。但是，大事小事都遵循和谐的标准，有时是不可行的；知道要和谐就一味搞和谐，不用礼来节制，也是不可行的。"

【释】

"礼"意味着秩序，它要求人们各安其位，然而人总有不安分的，"和"是很难的，"和"也因此显得珍贵。只有古圣先王的"礼之用"，才能达到"和"的境界。凡事一味讲和谐，为和谐而和谐，都是行不通的。考虑到"有所不行""亦不可行"的对应关系，故如此标点，跟通行版本有所区别。

1.13 有子曰："信近于义，言可复也。恭近于礼，远耻辱也。因不失其亲，亦可宗也。"

【译】

有子说："'信'这种品质依附于'义'的要求，说出的话能够被复核。'恭'这种品质接近于'礼'的要求，能帮助人们远离耻辱。依靠的对象不错过自己的亲属，也就有所本了。"

【释】

本章解释了"信""恭"两种品质跟"义""礼"两种价值之间的关系，并基于血缘社会的特点提出亲缘关系才是可靠的、令人放心的。

《说文》："近，附也。""近"有附着、接近的意思。"复"，反复、覆验、复核。"言可复也"，意思是先前说出的话（如承诺等）可以在办完事后再说一遍，表示先前所说的话并非虚言，是被切实履行了的。"因"，依靠，依托。"宗"，本。邢昺说："宗者，本也。"凡物必依其本而立，故可解释为有所本、可靠。

1.14 子曰："君子食无求饱，居无求安。敏于事而慎于言。就有道而正焉，可谓好学也已。"

【译】

孔子说："君子不追求吃饭饱足，不追求居住安适。一个人应做事敏捷而说话谨慎。到有道之士那里去匡正自己，这就可以说是好学了。"

【释】

这段话共三句，意思包括三个方面：第一句讲志趣，第二句讲日常言行，第三句讲进德修业。据此，我把本章断为三句。如果把三句话视为连贯的来解说，似乎也通，但较为牵强。

"君子食无求饱，居无求安"是说君子具有超越物欲层面的精神追求，而不是说君子喜欢食物粗陋和居处简陋。

1.15 子贡曰："贫而无谄，富而无骄，何如？"子曰："可也。未若贫而乐，富而好礼者也。"子贡曰："《诗》云'如切如磋，如琢如磨'，其斯之谓与？"子曰："赐也，始可与言《诗》已矣，告诸往而知来者。"

【译】

子贡问："贫穷却能不因有欲求而谄媚，富有却能不因有依恃而傲慢，怎么样？"孔子说："可以。但这不如虽贫穷却内心愉悦，虽富裕却能喜好礼义。"子贡说："《诗》说'像加工骨器玉器那样，通过切、磋、琢、磨的方法使其越来越精致'，说的就是这种情形吧？"孔子说："赐啊，现在可以同你讲《诗》了，告诉你已知的，你就能据此去认知未知的。"

【释】

"贫而无谄，富而无骄"，属于有持守的自我节制；"贫而乐，富而好礼"，则有建设性的精神发展。钱穆说，前者心中还有贫富，后者心中不以贫富为意，因此前者不如后者。前者境界高，后者境界更高，如同加工器物越来越精细一样。子贡能联系他先前所了解到的《诗经》来理解和阐释当前的话题，这就是"告诸往而知来者"。

1.16 子曰："不患人之不己知，患不知人也。"

【译】

孔子说："不要担忧别人不了解自己，应该担忧自己不了解别人。"

【释】

这道理在社会生活中是普遍有效的。别人不了解自己，未必对自己有害；自己不了解别人，却有可能在社会生活中不明就里地做傻事，或无事生事，或把事情搞砸。

2.1 子曰："为政以德，譬如北辰居其所而众星共之。"

【译】

孔子说："用德来实行治理，就会赢得大众的拥戴，就像北极星处在固定位置上而众多星辰都环抱着它。"

【释】

本章讲道德在政治中的感召力。政治本质上是关于利益的，道德却可以超越狭隘的利益，因而在政治上提倡道德、利用道德，均有助于缓和政治中的利益矛盾。统治者最好具有道德；即便是利用道德，也可以部分地抑制赤裸裸的利益诉求，进而得到人们的拥护，巩固其统治。"共"，拱，环抱、环绕。

2.2 子曰："《诗》三百，一言以蔽之，曰'思无邪'。"

【译】

孔子说："《诗》三百篇，用一句话来概括它，就是'没有邪念'。"

【释】

《诗经》是诗。诗是情感的，情感贵乎坦诚；文是理智的，理智贵乎审辨。"思"是助词。"无邪"，是说情感是坦直的、真诚的、未被扭曲的。孔子的意思是说，《诗》三百，虽然各篇抒发的具体情感未必相同，但它们的抒情都是坦诚的、不虚伪的，是没有邪念的。

2.3 子曰："道之以政，齐之以刑，民免而无耻；道之以德，齐之以礼，有耻且格。"

【译】

孔子说："用政令去指导民众，用刑罚去整顿民众，民众就会只求免罪，但不会有羞耻之心；用德行来引导民众，用礼制来规范民众，民众就不仅会有羞耻之心，而且行为也符合法式。"

【释】

在本章中，孔子认为，假如统治者不讲求道德和礼法，而一味以强制性的政令和刑罚对待人民，人民就会只图苟且免罪；用道德和礼法才能提高社会的文明程度，从而实现真正的治理。孔子关注"为政"，并不绝对否定政令和刑罚，他只是强调孰为根本、孰须优先而已。

"道"，导，引导，指导。"格"，法式。《礼记·缁衣》中"言有物而行有格也"的"格"即是此义。"格"解释为"美"也可，《说文解字注》："格，木长貌。……长木言木之美，木长言长之美也。"

2.4 子曰："吾十有五而志于学，三十而立，四十而不惑，五十而知天命，六十而耳顺，七十而从心所欲不逾矩。"

【译】

孔子说："我十五岁立志于学习，三十岁能够形成自己的主见，四十岁能有所辨别不被迷惑，五十岁能理解什么是天命，六十岁时听到任何意见都不会扰动自己的情绪，七十岁时能随心所欲却不越出规矩。"

【释】

从语意连贯性角度来分析，本章是孔子自述其人生的认知发展历程。

十五岁用心于学习，但未必有自己的主张；三十岁能够有自己的主张，但这主张未必成熟；四十岁能有成熟的认知，因而不被迷惑；五十岁能理解到"天命"，即上天会赋予每个人这一生的使命，同时赋予他自身的局限性；六十岁时的"耳顺"并非指听得进不同的意见（各种年龄阶段的人都可能做得到倾听不同意见），而是说无论听到怎样的意见内心都波澜不惊；七十岁时通达人生，已由必然王国进入自由王国，故能"从心所欲不逾矩"。

2.5 孟懿子问孝。子曰："无违。"
樊迟御，子告之曰："孟孙问孝于我，我对曰，无违。"樊迟曰："何谓也？"子曰："生，事之以礼；死，葬之以礼，祭之以礼。"

【译】

孟懿子问关于孝的问题。孔子说："不违背礼的要求。"

樊迟为孔子驾车，孔子告诉他说："孟孙向我问'孝'，我回答说，不违背礼的要求。"樊迟说："这说的是什么意思？"
孔子说："父母在世，按礼的要求侍奉；父母去世，按礼的要求
埋葬，按礼的要求祭祀。"

【释】

本章中孔子本人明确解释了"无违"的意思，话题的范围是
"孝"，"无违"的对象是"礼"。根据文意，"无违"不能理
解为"不违背父母"，而须理解为"不违背礼"。樊迟是孔子的
弟子樊须。孟孙，就是孟懿子。

以下几章是在论述"孝"，孔子特别强调"孝"作为生命情
感和道德情感的指向，本章孔子强调的是这种情感也必须符合
"礼"的要求。这意味着在孔子的观念中，"孝"的情感是符合"礼"
的，"礼"也是符合人的情感的，"礼"与"孝"具有内在的一
致性。

2.6 孟武伯问孝。子曰："父母唯其疾之忧。"

【译】

孟武伯问关于孝的问题。孔子说："父母唯恐自己的孩子生
病啊。"

【释】

本章中孔子的意思表达得比较曲折，即：孝，就是子女要像
父母深爱其子女、生怕子女生病那样，对等地去爱自己的父母。

本章中的"其"历来有两说，一说是代指父母，一说是代指
儿女。从句法来看，父母是主语，"唯其疾之忧"是倒装，意思
等于"唯忧其疾"，"其"代指子女更妥适。

2.7 子游问孝。子曰："今之孝者，是谓能养。至于犬马，皆能有养。不敬，何以别乎？"

【译】

子游问关于孝的问题。孔子说："如今的所谓孝，是说能够供养父母。然而即便是犬马，都能够得到饲养。如果对父母不敬重，那么，用什么来区别供养父母与饲养犬马呢？"

【释】

孔子的意思是说，对父母的孝，本质上是内心对父母的敬重，这是一种生命情感。对父母只有物质的供养而无情感的敬重，那并不是孝。"子游"，孔子弟子言偃。

2.8 子夏问孝。子曰："色难。有事，弟子服其劳；有酒食，先生馔——曾是以为孝乎？"

【译】

子夏问关于孝的问题。孔子说："行孝，在父母面前始终保持和颜悦色是困难的。有事情，晚辈去做辛苦的部分；有酒和食物，让长辈先吃喝——竟能把这个作为孝吗？"

【释】

本章是从践行孝的行为表现方面来讲的。孔子的意思是，服劳、奉养父母，算不上困难；真正困难的是能始终和颜悦色侍奉父母。因为在现实生活中，一个人与其父母始终保持观点的一致和情感的和谐是极其困难的，只有对父母怀有发自肺腑的深爱并时时忆念这份深爱，才有可能始终保持和悦的容色。

2.9 子曰："吾与回言终日，不违，如愚。退而省其私，亦足以发，回也不愚。"

【译】

孔子说："我整天同颜回说话，他不反对不质疑，像很蠢笨。他退下去检视自己，又足以从他的言行中表现出我的教导，颜回并不蠢笨。"

【释】

颜回很沉默却很善于深思，一个善于深思的人往往是沉默的。本章中颜回的表现，近于孔子的"默而识之"（7.2），这也符合孔子所提倡的"君子欲讷于言而敏于行"（4.24）。"回"，颜回，即孔子的得意弟子颜渊。"省"，检视。"省其私"，检视自己。"发"，发露，表现出来。

2.10 子曰："视其所以，观其所由，察其所安，人焉廋哉？人焉廋哉？"

【译】

孔子说："观察一个人行为所采用的手段是什么，考察其行为所依循的路径是什么，明察他行动之后满足于什么，这样，他怎么能隐藏得了呢？他怎么能隐藏得了呢？"

【释】

孔子说"听其言而观其行"，本章就是讲怎样"观其行"。一个人的行为，总会有某种所使用的手段，总会遵循某种路径或方式，总会达到某种目的才能使他满意。这样去观察一个人，那么这个人就将无所遁形。"以"，用。"由"，遵循。"安"，心安，满足。"庾"，隐藏，藏匿。

2.11 子曰："温故而知新，可以为师矣。"

【译】

孔子说："温习旧知识以熟悉这些知识，并懂得在新的情境中运用这些知识，就可以当老师了。"

【释】

孔子不是认为不断温习旧知识就能够获得新知识——温习旧知识可以熟悉旧知识或加深对旧知识的理解，但这不等于拥有新知识；通过温习旧知识获取新知识，这是极小概率或几乎不可能的事，因为某项特定知识总是具有相对稳定的结构和边界，温习不能突破这结构和边界——例如我们不太可能通过不断温习"排比"的知识而懂得关于"比喻"的知识，学习新知识才更容易获得新知识。在孔子的时代，知识更新和发展的速度很慢，对老师的要求主要是熟悉既有知识（温故）并懂得既有知识在更大范围的运用（知新）——懂得某项知识在各种不同情境中的运用才代表着透彻地掌握了该项知识，因而可以做老师。

2.12 子曰："君子不器。"

【译】

孔子说："君子不能像器具（他还应该有思想，有对'道'的追求）。"

【释】

"器"与"道"是一组相对的概念，因而对译文作了这样的处理。

器是工具，具有工具用途；"不器"则意味着要超越工具性，而具有思想。在孔子看来，君子不能只是实用的工具。不少注家认为"器"的意思是只有某一方面的用途，"不器"就是要有多方面的才干。这一理解未必妥当，因为孔子说过君子不必"多能"，所谓"君子多乎哉？不多也"；且器具的用途也未必只是单一方面的，例如锄头可以挖土种地，也可以除草、斩断树木，还可以砸碎土块来修桥补路。

2.13 子贡问君子。子曰："先行其言，而后从之。"

【译】

子贡问关于君子的问题。孔子说："先按他所说的去做一做，然后再决定是否听从他。"

【释】

孔子说，"始吾于人也，听其言而信其行；今吾于人也，听其言而观其行"（5.10）。本章意思比"观其行"更进一步，提出要用自己的实践去验证君子的言论是否正确。

真正的君子言行一致，他们所讲出来的是从实践中真实地领悟出来的，所以按照君子的话去实践，就能验证君子所言是否合理。如此之后，方知对方是不是真正的君子，是否值得听从和追随。"行"，做，实行。"从"，听从，追随。

本章中孔子的话，也可以翻译为"君子先实践自己想讲的话，行动之后再讲出来"，意思是君子慎言，做到了然后才能讲（这种翻译对"从"字的解释比较迂回）。还可以翻译为"君子先实践了他所说的，然后你才能听从他所说的"，意思是不可盲从（这种翻译两个分句的主语不一致）。这两种翻译基本上都能成立，但为我所不取。"子贡问君子"，未必是问如何成为君子，也可能是问如何辨别君子。本章译释不同于旧说，请读者审慎辨析。

2.14 子曰："君子周而不比，小人比而不周。"

【译】

孔子说："君子会与他人亲近但不与他人勾结（他始终保持着独立性），小人与他人勾结但并不与人亲近（他在群体中总有个人的私心）。"

【释】

小人勾结他人的原因，与不跟他人真正地亲近的原因，都在于有私心私利。他与人勾结，是出于私心谋求私利；不真正地亲近他人，也是出于私心谋求私利——他心中从来不曾真正地顾及他人和维护他人；当私利与他人利益矛盾时，他就自然地跟人发生冲突了。"周"，周遍，密合。为使意思明了，译文有所增添。

2.15 子曰："学而不思，则罔；思而不学，则殆。"

【译】

孔子说："只是向外学习而不自主思考，就会因缺乏判断而陷于迷茫；只是自己思考而不向外学习，就会因缺乏收获而疲惫懈怠。"

【释】

学的作用，是迅速累积知识；思的作用，是作出分析判断。

孔子认为学和思各有其长，不能偏废。一方面，学得多，想得少，就容易失去辨别而感到迷茫；另一方面，没有以知识积累为基础的思考通常是低效的，思而无得则会兴味索然而懈怠疲惫。"殆"，怠，懈怠。

2.16 子曰："攻乎异端，斯害也已。"

【译】

孔子说："站在这一端去攻击不同的另一端（偏离了中庸的法则），这会带来伤害。"

【释】

本章是讲中庸。本句意思通常被解释为"攻击那些不正确的言论，祸害就可以消除了"，这种理解是不妥的。"异端"，不同的另一端。"害"，伤害，损害。（《说文》："害，伤也。"）我的理解跟通常的理解不同，此处不多论述，读者自行判断。

2.17 子曰："由，诲女，知之乎？知之为知之，不知为不知，是知也。"

【译】

孔子说："由，我教你，你能理解到我所教给你的吗？理解就是理解，不理解就是不理解，这才是如实的理解。"

【释】

本章似乎暗含着孔子对子路自以为知、自以为是的批评。孔子强调要实事求是对待求知，不能强不知以为知。"由"，仲由，即孔子弟子子路。

2.18 子张学干禄。子曰："多闻阙疑，慎言其余，则寡尤；多见阙殆，慎行其余，则寡悔。言寡尤，行寡悔，禄在其中矣。"

【译】

子张学习求得俸禄的方法。孔子说："要多听别人说话，对其话语中有疑问的部分搁置不讲；对别人没提及的话题，要谨慎地讲，这就能减少言语的过失。要多看别人做事，对其行为中有疑问的地方搁置保留；对别人没做过的事，要谨慎地做，这就能减少行动的懊悔。言语少过失，行动少懊悔，俸禄就在这里面了。"

【释】

"言寡尤，行寡悔"提示了孔子的话语思路，先讲应该如何"言"，再讲应该如何"行"。在"干禄"这事上，孔子的态度是非常慎重的。

子张，孔子的弟子颛孙师。"干"，求。"禄"，官吏的俸给。"阙"，缺。"尤"，过失。"殆"，疑。我对"其余"的理解跟前贤不同。我认为，"慎言其余"的"其余"，是指虽"多闻"但仍未能听到的；"慎行其余"的"其余"，是指虽"多见"但仍未能见到的。

2.19 哀公问曰："何为则民服？"孔子对曰："举直错诸枉，则民服；举枉错诸直，则民不服。"

【译】

鲁哀公问："要做些什么，才能使民众顺服？"孔子回答说："选拔正直的人，把他们放在邪曲的人之上，民众就顺服；选拔邪曲的人，把他们放在正直的人之上，民众就不顺服。"

只有正直才能得到大众的信任，因为正直才能使周围的人感到公平和安全。即使由愚人或小人组成的群体也不例外，一个相对正直的人总会得到更多的信任和欢迎。"服"，顺服。"错"，措，放置。

2.20 季康子问："使民敬、忠以劝，如之何？"子曰："临之以庄，则敬；孝慈，则忠；举善而教不能，则劝。"

【译】

季康子问："若要使民众恭肃、尽心且努力，该怎么办？"孔子说："你用庄重的态度面对他们，他们就会恭肃；你孝顺父母、慈爱幼小，他们就会尽心；你提拔善人、教育那些能力不足的人，他们就会努力。"

【释】

以上率下，依靠教化来实现良治，是孔子政治思想的重要部分。"劝"，勉，努力。

2.21 或谓孔子曰："子奚不为政？"子曰："《书》云：'孝乎惟孝，友于兄弟，施于有政。'是亦为政，奚其为为政？"

【译】

有人对孔子说："您为什么不从政？"孔子说："《书》上说，'孝顺就只一心行孝，对兄弟友爱，把这种情感移用到治理之中。'这也就是从政了，还要做什么才算是从政呢？"

孔子对政治的理解是广义的。在他看来，政治旨在实现社会的美好和谐，政治不离于人情，每个人都可以为政治作出贡献。

"书"，《尚书》。孔子所引三句是《尚书》逸文。《古文尚书》的《君陈篇》作"惟孝，友于兄弟，施于有政"，本章译文是依据孔子引文翻译的。"友"，《说文》说"同志为友"，段玉裁据其字形说"亦取二人如左右手"，"善兄弟曰友"。"施"，移用。《说文》说"施"本指旗帜飘扬，如此则可引申为移动、延伸等义。

2.22 子曰："人而无信，不知其可也。大车无輗，小车无軏，其何以行之哉？"

【译】

孔子说："做人如果说话不信实，人们将不能了解到他内心究竟认可什么。说话不信实就会导致行为失范——就像大车没有輗、小车没有軏一样失去定准或控制，它靠什么行走呢？"

【释】

此处是从本义上来诠释"人而无信，不知其可也"这一句的。人言为"信"；说话不"信"，则无法确认说话人内心究竟相信什么、认同什么。通过观察一个人所做的与所说的是否一致，可看出其人内心是否有定准；没有定准就是无"信"，没有定准的人是不会有信用的。"可"，认同，认可。

"輗軏"是车辕与衡轭联结处插上的销子，本章是以车无輗軏就会导致车无法行进，来比喻人无"信"就会导致行为的失范或脱轨。为使语意易懂，译文有所增添。

2.23 子张问："十世可知也？"子曰："殷因于夏礼，所损益，可知也；周因于殷礼，所损益，可知也。其或继周者，虽百世，可知也。"

【译】

子张问："今后十代的礼制，能够预先知道吗？"孔子说："殷代沿袭夏代的礼制，所减少或增加的，是能够知道的；周代沿袭殷代的礼制，所减少或增加的，也是能够知道的。那么如果有接续周的朝代，即使是以后一百代，也是能够知道的。"

【释】

孔子认为政治治理有其内在的规律，礼制具有内在稳定性和历史传承性，朝代虽有更迭但这种稳定性仍然存在，只不过对前代礼制有所损益而已。

根据孔子的回答可知，子张所问的"十世"是指此后十代的礼制。

2.24 子曰："非其鬼而祭之，谄也。见义不为，无勇也。"

【译】

孔子说："不是该祭祀的鬼却去祭祀，这是谄媚。见到正当的事情却不去做，这是没有勇气。"

【释】

"非其鬼而祭之"显然是不真诚的，所以是"谄"。作为一种正面价值的"勇"，不是凭着胆气胡作非为，而是去做该做的事，"勇"必须是符合"义"的。"义"，宜，正当。当一件事是正当的而不去做，那就是怯懦。

3.1 孔子谓季氏，"八佾舞于庭，是可忍也，孰不可忍也？"

【译】

孔子谈到季氏，说："他用八佾在庭院中奏乐舞蹈，如果对这事都能认同，那对什么事不能认同呢？"

【释】

本章表现孔子维护礼制的态度。当体制内政治人物完全不顾体制，这就意味着该体制面临瓦解的风险，进一步则将导致社会秩序的全面崩溃。因此，孔子坚决反对季氏的做法，认为那是完全不能认同的。

古代舞蹈奏乐，八人为一行，一行叫"佾"。根据当时礼制，天子八佾，诸侯六佾，大夫四佾，士二佾。季氏非天子而用八佾，严重违背了礼制。

"忍"，善，以为善，略近于如今所谓"认同"。《说文》把"忍"解释为"能"，并说"能"是强健的熊类，可引申为贤善；用作意动用法，则是"以为贤善"、认同的意思。把"忍"解释为认同，在佛法术语中也有类似者，如"顺忍""无生法忍""如幻忍""如虚空忍"等，"忍"都是指心安住于其上而不再动摇，即认定的意思。据以上诸说，则可把"忍"解释为后起的"认（認）"字，这种解释跟前贤均不同（古代注疏多把这个"忍"解释为忍心或容忍），有待方家指正。

3.2 三家者以《雍》彻。子曰："'相维辟公，天子穆穆'，奚取于三家之堂？"

【译】

仲孙、叔孙、季孙三家卿大夫，祭祀完毕时用《雍》撤去祭品。孔子说："'诸侯辅助，天子肃穆地主祭'，《雍》诗中这样的句子只适合于天子，怎能用在你们三个大夫家的堂上呢？"

【释】

本章也是对违背礼制的批评。《雍》是《诗·周颂》里的一篇，《毛诗》说《雍》是祭祀文王的乐章，是周天子祭礼典礼所用之乐。"彻"，撤，祭祀完毕撤去祭品。"相"，辅助，辅佐。"维"，助词。"辟公"泛指诸侯，"辟"，国君，"公"，公爵。"堂"，古人居处庙寝合一，祭祀在室中，歌在堂上，舞在庭中。

3.3 子曰："人而不仁，如礼何？人而不仁，如乐何？"

【译】

孔子说："一个人如果不仁，有礼又怎么样呢？一个人如果不仁，有乐又怎么样呢？"

【释】

本章是说，一个人如果没有仁，就算讲礼、讲乐，也没什么意义。仁是内在的道德情感，礼、乐是外在的表现。以秩序和谐为目标的礼、以生命幸福为目标的乐，都是以仁为基础的。如果没有仁，那么礼乐就失去了内在的灵魂，成为没有实际意义的虚浮的形式。

3.4 林放问礼之本。子曰："大哉问！礼，与其奢也，宁俭；丧，与其易也，宁戚。"

【译】

林放问礼的根本。孔子说："这问题重大啊！就礼的普遍情况而言，与其过分夸大礼的表现形式，不如回归其自我约束的本质；单就丧礼而言，与其把仪式办得妥帖，不如真正表达出内心的哀伤。"

【释】

孔子在本章中揭示了"礼"的本质。他认为，礼的根本在于抑制虚浮欲望和表达真情实感，而在形式上讲究礼仪是次要的。

"奢"，过度夸张。《说文》把"奢"解释为"张"，徐灏进一步解释说，"奢者侈靡放纵之义，故曰'张'，言其张大也"。与"奢"相对的"俭"，意思是节制。《论语》中的"奢"与"俭"，都不单指物质生活的奢侈或节俭。"易"，平易、妥帖。

3.5 子曰："夷狄之有君，不如诸夏之亡也。"

【译】

孔子说："夷狄虽然有国君，还不如中原诸国没有国君啊。"

【释】

这是强调文化的重要性。文化塑造社会的力量远大于政治。

在孔子看来，秩序或纲纪，本质上依赖文化的力量，并不是单纯依靠政治权力。"亡"，无。

3.6 季氏旅于泰山。子谓冉有曰："女弗能救与？"对曰："不能。"子曰："呜呼！曾谓泰山不如林放乎？"

【译】

季氏要去祭祀泰山。孔子对冉有说："你不能挽回吗？"冉有回答说："不能。"孔子说："唉！难道可以说泰山之神还不及林放知礼吗——山神怎么可能接受这种不合礼法的祭祀？"

【释】

本章是孔子对季氏非礼而祭泰山的批评。孔子这番话的意思，是说神不会接受不合礼法的祭祀，暗示冉有转告季氏，让季氏懂得他非礼而祭泰山是徒劳无益的。

"旅"，祭山的仪式。大夫以下不能祭祀山川，因此季氏旅于泰山，是违礼之举。冉有，孔子学生冉求，当时在季氏那里做事，所以孔子责备他。据本篇第4章可知，林放是一个重视礼的人。"救"，止，阻止，挽回。

3.7 子曰："君子无所争。必也射乎！揖让而升，下而饮。其争也君子。"

【译】

孔子说："君子没有他所要争的。如果有，一定是射箭吧！作揖行礼，然后登堂上场比赛；比赛完毕走下堂来，然后喝酒。射箭这种竞争是君子之争。"

本章讲"射"为什么是君子之争。因为射箭的比赛不同于利益争夺的竞争，是一种讲礼的、公平的竞争，它的目的是"争为贤者"，用孟子的话来说，射箭"不怨胜己者，反求诸己"。"升"，由阶上堂；"下"，从堂上下来。

3.8 子夏问曰："'巧笑倩兮，美目盼兮，素以为绚兮。'何谓也？"子曰："绘事后素。"曰："礼后乎？"子曰："起予者商也，始可与言《诗》已矣。"

【译】

子夏问孔子说："《诗》中有这样的诗句：'那灵巧的笑容真美好啊，那美丽的眼睛真明亮啊，那本色也可以表现出美丽的纹理啊。'这是什么意思？"孔子说："先有本色的底子，然后才能在上面绘画。"子夏说："如此说来，'礼'是后起的吧？"孔子说："启发我的人就是你啊！像你这样的人，才可以共同谈论《诗》。"

【释】

子夏从孔子"绘事后素"的回答中，领悟到"仁"先"礼"后的道理，得到孔子的称赞。本章意思是说，仁是礼的基础，只有具备了仁，合宜、美好的礼才是可能成立的，正如女子美丽的笑容和眼睛就能自然地展现出她的美丽而无须通过粉黛，本色的底子上才能画出美丽的图案。这里表达了孔子的一个观念："仁"是内蕴于人的自然本性之中的，是第一性的；"礼"在一定意义上说是"仁"的表现，是以"仁"为依据发展出来的。

从本章也可看出孔子是以怎样的观念在看待《诗经》，所以本章也是文学批评常常引用的一则材料。子夏所问诗句，见《诗经·卫风·硕人》篇。"盼"，黑白分明，明亮不浑浊。"起"，启发。"商"，子夏之名。

3.9 子曰："夏礼，吾能言之，杞不足征也；殷礼，吾能言之，宋不足征也。文献不足故也。足，则吾能征之矣。"

【译】

孔子说："夏代的礼，我能讲出来，但夏的后代杞国不足以验证我所讲的；殷代的礼，我能讲出来，但殷的后代宋国不足以验证我所讲的。这是因为杞、宋二国的典籍和贤者都不够。若有足够的典籍和贤者，我就能够验证了。"

【释】

本章表现的是孔子言必有据的治学态度。杞是夏禹的后代，宋是殷的后代。"征"，验证，证明。"文献"的"文"，是典籍；"献"，贤，贤者（依郑玄注）。

3.10 子曰："禘，自既灌而往者，吾不欲观之矣。"

【译】

孔子说："禘礼，从献酒完毕之后的仪式环节，我不想看了。"

【释】

本章讲孔子对礼的维护，他认为规则须讲原则，不应有例外，否则会导致礼的崩坏。

"禘"是古代天子举行的祭天或始祖的大祭。由于周公有大功于周室，周成王特许周公可以禘祭。但周公的后代鲁国国君承用不变，孔子认为以诸侯的身份而行禘礼，这是不恰当的，所以他只看禘礼开头的"灌"这个节目，余下的环节"不欲观之矣"。"灌"，献酒给受祭者，祭祀开始阶段以酒灌地以降神的节目，这个节目是迎请天神或始祖，孔子认为尚无问题，可以看。

3.11 或问禘之说。子曰："不知也。知其说者之于天下也，其如示诸斯乎！"指其掌。

【译】

有人问关于禘礼的解释。孔子说："我不懂。懂得禘礼内涵的人对于天下的认知，大概就像把天下摆在这里一样清楚吧！"孔子指着自己的手掌。

【释】

孔子是说禘礼具有深奥的内涵，它是天子所行之礼，只有治理天下的天子才具备了解禘礼的资格，这正是孔子以"不知"来回答别人提问的原因。"说"，对事物的解释，含义。"示"，置，摆放。

3.12 祭如在，祭神如神在。子曰："吾不与祭，如不祭。"

【译】

孔子祭祀（祖先）的时候，好像所祭的对象真在面前；祭神的时候，好像神真在面前。孔子说："我如果未能亲自参加祭祀，那对我来说就和没有祭祀一样。"

【释】

孔子的意思是，祭祀不能装模作样，必须怀着真诚的情感，仿佛祖先或神明近在眼前。未能参与祭祀则相当于未能与祖先或神明面对面，所以跟没有祭祀是一样的。

3.13 王孙贾问曰："'与其媚于奥，宁媚于灶'，何谓也？"子曰："不然。获罪于天，无所祷也。"

【译】

王孙贾问："'与其奉承奥神，不如奉承灶神'，这是什么意思？"孔子说："这是不对的。如果得罪了天，那就无处祷告。"

【释】

屋内西南角叫"奥"，做饭的设备叫"灶"，古人以为那里都有神。"与其媚于奥，宁媚于灶"，这两句押韵，可能是当时流行的俗语。灶可做饭来吃，奥是尊长所居，这两句俗语的意思可能是，取得食物比尊敬长辈更重要——这是只讲功利不讲礼法的观点。孔子否定王孙贾所引用的话，重点强调了人应讲究礼法，遵循天道，如果得罪了上天，无论向哪个神献媚讨好，都是没用的。

3.14 子曰："周监于二代，郁郁乎文哉！吾从周。"

【译】

孔子说："周的制度文化借鉴于夏商二代，文采浓郁啊！我遵从周的制度文化。"

【释】

孔子认同周朝的制度文化，但他也认为历史文化因有传承借鉴而无法割断。"监"，鉴，借鉴，参照。

3.15 子入太庙，每事问。或曰："孰谓鄹人之子知礼乎？入太庙，每事问。"子闻之，曰："是礼也。"

【译】

孔子进入太庙，很多事都要问。有人说："谁说鄹人的儿子懂得礼呢？他进入太庙，很多事都要问别人。"孔子听到此话，说："这就是礼啊！"

【释】

本章的意思是，知道关于礼的仪式的知识，这未必能叫知礼；知礼须根据礼的精神和原则来行事，"每事问"的慎重、谦逊，本身就体现着礼的精神。"鄹人"指曾经担任过鄹大夫的孔子之父叔梁纥。"每"，繁多。《说文》释"每"为"草盛上出"，意思是繁盛，众多。

3.16 子曰："射不主皮，为力不同科，古之道也。"

【译】

孔子说："射礼不以射穿箭靶为主，是因为不同射箭者的力气不同等，这是古代的规矩。"

【释】

射礼的射，目的不是消灭敌人，射中即可，不需要射穿箭靶，所以说"射不主皮"。"皮"，用皮做的箭靶。"科"，等级。

3.17 子贡欲去告朔之饩羊。子曰："赐也，尔爱其羊，我爱其礼。"

【译】

子贡想要去掉每月初一用于告祭祖庙的羊。孔子说："赐啊，你吝惜那羊，但我爱惜那礼。"

【释】

本章表现孔子维护礼制的立场。"告朔"，古代的制度，每年秋冬时，周天子预颁来年历书于诸侯，这就是"告朔"。诸侯国君受而藏于祖庙，每月初一朝于庙中，杀一只活羊祭于庙，然后回朝堂听政，这就是"视朔"。这种制度与农业生产有直接关系，"告朔"也因而成为规范农业社会秩序的基础。到孔子之时，天子不告朔，诸侯不视朔，"告朔"之礼近乎废掉。子贡从务实的角度考虑，既然此礼几乎废掉，杀羊也就太浪费了；但孔子仍然坚持保留饩羊，以示此礼尚有残存，总比什么也不留好。

3.18 子曰："事君尽礼，人以为谄也。"

【译】

孔子说："侍奉国君完全按照礼仪，别人却认为这是谄媚。"

【释】

本章是慨叹当时礼乐崩坏，侍奉君主的臣子无礼者甚多，所以人们反而认为尽礼的臣子是谄媚。

3.19 定公问："君使臣，臣事君，如之何？"孔子对曰："君使臣以礼，臣事君以忠。"

【译】

鲁定公问："国君差遣臣子，臣子侍奉国君，怎样做？"孔子回答说："国君按礼的要求来差遣臣子，臣子用尽心做事来侍奉国君。"

孔子认为政治伦理对君臣都是有约束的。从语义来看，孔子的话包含着对君、臣两个方面并列的要求：君主差遣臣子，要以礼相待，不可胡来；臣子服务君主，要尽心尽力，不可敷衍。假如君使臣不以礼，那么臣事君是否可以不忠呢？孔子没有讲。但从语境来看，这是孔子对鲁定公这位君主的回答，暗含着对话语受众鲁定公的告诫：君主不可以无礼对待臣子，因为臣子并非无条件对君主尽忠。

3.20 子曰："《关雎》乐而不淫，哀而不伤。"

【译】

孔子说："《关雎》追求淑女的情感是愉悦的而不是放荡的，这首诗中'求之不得'的失落会让人怜悯，但不会让人感到伤痛。"

【释】

杨伯峻注意到《关雎》中并没有悲哀的情调，他引《论语骈枝》试图解释孔子这句话，"诗有《关雎》，乐亦有《关雎》，此章据乐言之。……乐而不淫者，《关雎》、《葛覃》也；哀而不伤者，《卷耳》也。"以音乐曲调来解释"哀而不伤"，未免过于迂曲，且于本章原文无据。我认为"乐而不淫"是《关雎》所表现的整体的情感特征，"哀而不伤"则是《关雎》里的男子求爱过程中"求之不得"的失落带给读者的情感反应，这样解释可令句意更为直接和显豁。

《说文》："哀，闵（悯）也。"段玉裁说"闵"是"吊者在门"，"哀"字有悲哀、同情的含义。《说文》："伤，创也。""创"

是指受到毁伤戕害，其程度高于"哀"。

3.21 哀公问社于宰我，宰我对曰："夏后氏以松，殷人以柏，周人以栗，曰：使民战栗。"子闻之，曰："成事不说，遂事不谏，既往不咎。"

【译】

鲁哀公问宰我做社神牌位用什么木头，宰我回答说："夏朝用松木，商朝用柏木，周朝用栗木，用栗木的意思是：使民众战栗。"孔子听到这事，说："对已经做完的事，不用再去开解（即使做错了）；对已成定局的事，不用再去劝阻；已经过去了，就不要再去怪罪了。"

【释】

"宰我"即孔子的弟子宰予。宰我说周朝用栗木做社神牌位是为了"使民战栗"，"使民战栗"不符合孔子的仁爱思想。孔子认为宰我的话暗含着批评周天子之意，不合于礼，所以说了这一段话。"说"，开解。《说文解字注》："说，说释也。说释即悦怿。……说释者，开解之意。"

3.22 子曰："管仲之器小哉！"或曰："管仲俭乎？"曰："管氏有三归，官事不摄，焉得俭？"

"然则管仲知礼乎？"曰："邦君树塞门，管氏亦树塞门。邦君为两君之好有反坫，管氏亦有反坫。管氏而知礼，孰不知礼？"

【译】

孔子说："管仲的器量狭小啊！"有人问："管仲能自我约

束吗？"孔子说："他拥有很多财富，他手下管事的也是专职而不兼差，怎能说是自我约束呢？"

又问："那么，管仲知礼吗？"孔子说："国君的门前立起塞门，管氏也立起塞门。国君举行同别国国君的友好会见有放置酒杯的设备，管氏也有放置酒杯的设备。如果说管氏知礼，那么还有谁不知礼呢？"

【释】

本章是孔子对管仲的批评，一是器局狭小，二是不知俭，三是不知礼。这三点是相互关联的：器局狭小，则只顾眼前不顾长远，只知享乐而不知自我约束；不能自我约束，则会自放越礼，破坏礼的规定。

"管仲"，齐桓公之相，辅桓公，霸诸侯。"三归"古来解释很多，有的说是娶三国之女，有的说是家有三处，有的说是管仲的采邑，有的说是藏钱币的府库。杨伯峻引郭嵩焘之说，以为指"市租之常例之归之公者也。桓公既霸，遂以赏管仲"。无论如何解释，都是指管仲拥有很多财富。"摄"，兼职。包咸注："摄犹兼也。礼，国君事大，官各有人，大夫兼并，今管仲家臣备职，非为俭。""塞门"，填塞在门口，用以间隔内外视线的类似于照壁的短墙。"反坫"，用以放置器物的设备。

3.23 子语鲁大师乐，曰："乐其可知也：始作，翕如也；从之，纯如也，皦如也，绎如也，以成。"

【译】

孔子对鲁国太师（乐官）谈论音乐，说："奏乐之事大概可以这样理解：开始演奏时，乐器的声音要协调；接下来，乐声应趋于纯一；然后，乐声应变得明朗；最后，要能从音乐中抽绎出某种感悟来。一部音乐作品就这样完成了。"

【释】

本章描述了一部高水平的音乐作品演奏的几个阶段，可看出孔子的音乐欣赏水平和对音乐的理解。一部作品的演奏，境界是逐渐递升的：乐声从和谐到纯一再到明朗，最后给人领悟或启迪。"绎如"通常被译为"连绵不断的样子"，依此，则难以解释"翕如—纯如—皦如—绎如"的递升顺序，因为连续流畅仅仅是对演奏最基本的要求。"绎"的本义是抽丝，引申为寻绎义理。

3.24 仪封人请见，曰："君子之至于斯也，吾未尝不得见也。"从者见之。出曰："二三子何患于丧乎？天下之无道也久矣，天将以夫子为木铎。"

【译】

仪地管理边界的官员求见孔子，说："君子到这里来了，我不曾有见不到的。"他通过孔子的随行弟子见到了孔子。见面完毕出来，他对孔子的弟子们说："你们几位为什么担忧流落在外呢？天下无道很久了，上天将要把夫子作为导师，派他周流四方来教导天下。"

【释】

仪封人一见孔子而倾心，可看出孔子的魅力巨大。仪封人的意思是说，孔子及其弟子不能安居于鲁而周游各国，这是上天要让孔子来教导天下。

"仪封人"，仪地管理边界的官员。"仪"，地名；"封"，边界。"丧"，失去，这里指失位，流亡在外。"木铎"，木舌的铜铃。古代公家有事宣布，便摇木铎召集听众。

3.25 子谓《韶》："尽美矣，又尽善也"；谓《武》："尽美矣，未尽善也。"

【译】

孔子谈到《韶》，说："它在音乐艺术上是完美的，在道德价值上是完善的。"谈到《武》，说："它在音乐艺术上是完美的，但在道德价值上却未达到完善。"

【释】

相传《韶》是古代歌颂虞舜的乐舞，《武》是歌颂周武王的乐舞。此处是否有推崇仁爱无私的虞舜甚于武力讨伐不义的周武王之意，不好判断。但很明显孔子在此谈论了艺术评价问题，他既重视艺术作品的形式美感，也强调艺术内容的价值内涵。

3.26 子曰："居上不宽，为礼不敬，临丧不哀，吾何以观之哉？"

【译】

孔子说："处在社会上层而不宽宏大量，行礼不恭谨庄肃，面对丧礼而不悲哀，我凭什么看得惯这样的现象呢？"

【释】

孔子的意思是，处在社会上层应该宽以待下却对人严苛，行礼之时应该庄重严肃却不庄重严肃，面对丧礼应该悲哀却不悲哀，这些现象都是恶劣的，是不足观的。

4.1 子曰："里仁为美。择不处仁，焉得知？"

【译】

孔子说："居住在仁所在之处，这就是美好的。选择居处，如果不停留在仁所在的地方，怎能是明智的呢？"

【释】

孔子的意思是说，一个明智的人，他的选择是与仁同在。孟子也说，"仁，人之安宅也"。"里"，居住。"处"，停留。《说文》："处，止也。"

4.2 子曰："不仁者不可以久处约，不可以长处乐。仁者安仁，知者利仁。"

【译】

孔子说："不仁的人，不能长久地处在自律之中，也不能长久地处在愉悦之中。仁者心安于仁，智者则懂得仁是有利的。"

【释】

"仁者乐山"，仁者具有不动如山的稳定性。不仁的人，由于缺乏稳定的价值感而易受欲念的支配，因而既不可能长久地自律，也不可能长久地安乐。仁者与智者的区别在于，仁者心安于仁本身，而不计利害得失，这是一种境界；智者未必心安于仁，但能意识到仁是有利的、可利用的，这是一种策略。"约"多被诠释者们解释为"穷困"，我解释为"自律（自我约束）"。因为"约"更近于本义的义项是约束，且这样解释，"约"与"乐"便都属心理的行为或状态，在表达逻辑上更为合理。表示贫困、穷困的用字，通常是"贫"；若是穷困，则孔子多半会表达为"不仁者不可以久处贫"。

4.3 子曰："唯仁者能好人，能恶人。"

【译】

孔子说："只有仁者，才能够真正地去喜欢一个人，也才能真正地去憎恶一个人。"

【释】

爱与恨这两种情感是普遍的，所以孔子的意思并不是说，能表现出爱与恨就符合仁者的标准了。孔子的意思是说：普通人的道德立场暧昧，可能会根据自己的需要，假装出爱或恨来；但仁者有明确的价值立场，他的情感表现是有原则的和真实的，不会是假装的。

4.4 子曰："苟志于仁矣，无恶也。"

【译】

孔子说："如果用心于仁，就不会有恶了。"

一个人如果用心于仁，他的发心总是良善的，就一定不会存恶念、做恶事。"志"，心之所之，用心。

4.5 子曰："富与贵，是人之所欲也，不以其道得之，不处也；贫与贱，是人之所恶也，不以其道得之，不去也。君子去仁，恶乎成名？君子无终食之间违仁，造次必于是，颠沛必于是。"

【译】

孔子说："富有与显贵，这是人们想要的，但如果不能通过正当的途径获取，就不应享有；贫穷与卑贱，这是人们憎恶的，但如果不能用正当的方式远离，就不应远离。君子如果离开了仁，他从哪里去成就'君子'这一名声呢？一个君子，哪怕吃顿饭这么短的时间都不会背离仁，即使在仓促紧迫的时刻，即使在颠沛流离之中，他也一定会与仁同在。"

【释】

孔子尊重人的欲望，但欲望并不必然具备价值正当性。孔子认为，君子也是可以有欲望的，有欲望不见得会构成问题；一个人是不是君子，不是去看他有无欲望，而是要去看他的行为是否正当，看他是否在任何情境中都与仁同在。"恶乎"，从哪里。"终食"，吃完一顿饭。"造次"，仓促之间。

4.6 子曰："我未见好仁者，恶不仁者。好仁者，无以尚之；恶不仁者，其为仁矣，不使不仁者加乎其身。有能一日用其力于仁矣乎？我未见力不足者。盖有之矣，我未之见也。"

【译】

孔子说："我没有见过爱好仁德的人以及憎恶不仁的人。爱好仁德的人，没有办法超过他；憎恶不仁的人，他会去实践仁德，不会让不仁影响到自己。有能持续一整天时间把自己的力量用在实践仁德上的吗？没有。但我没看到过力量不够的人。或许有这种人，但我没见过。"

【释】

"好仁者"醉心于仁，随时都想着实践仁，因而"无以尚之"；"恶不仁者"也会实践仁，既然"恶不仁"，就会努力"不使不仁者加乎其身"。在孔子看来，实践仁非常容易，每个人都有实践仁的能力；问题仅仅在于人们不愿发心去践行仁，对仁缺乏价值认同感。这跟"仁远乎哉？我欲仁，斯仁至矣"（7.30）的意思是相通的。

4.7 子曰："人之过也，各于其党。观过，斯知仁矣。"

【译】

孔子说："人们的过失，各自取决于其所属的类型。观察某人所犯的错误，这样就能了解到他是哪种类型的人了。"

【释】

人总是试图展现其优点而掩盖其缺点，缺点常隐藏于更深的地方。当一个人在做正确的事，表现出的常常是其优点，而缺点则被遮住；当一个人正在犯错，显示出的常常是其缺点，人性更深处的真实被暴露出来。所以，"观过，斯知仁矣"。"仁"当作"人"，语意才通畅，作"仁"是因音而误。杨伯峻说，《后汉书·吴祐传》引此文正作"人"（武英殿本却又改作"仁"，不可为据）。

　　一个刚直的人容易有苛待他人的过失，一个仁慈的人容易有放纵他人的过失。君子常失于厚，小人常失于薄；君子之过常在于爱，小人之过常在于忍。通过一个人所犯错误的类型，可以观察出其人性格和品性的类型。

4.8 子曰："朝闻道，夕死可矣。"

【译】

　　孔子说："如果早晨懂得了道，即使当天晚上死去也是可以的。"

【释】

　　孔子的意思是说，悟道是人生的终极使命。悟道代表着生命彻底的觉醒。若能悟道，则意味着人生使命的最终完成；既然已经完成，也就死而无憾了。

4.9 子曰："士志于道而耻恶衣恶食者，未足与议也。"

【译】

　　孔子说："一个士人，如果用心于求道却对衣食太差感到羞耻，那就不值得同他一起评议是非。"

【释】

　　一个人如果"志于道"却"耻恶衣恶食"，既想求道，又想享乐，说明他价值观混乱，或者说并没有真正高尚的价值观。因此，跟他讨论某个意见是否合理、某件事情是否正确，是不恰当的。"议"，

《说文》解释为"语"，段玉裁认为这个解释不充分，他说："议者，谊也。谊者，人所宜也。言得其宜之谓议。"也就是说，"议"，是指提出正当合理的意见。

4.10 子曰："君子之于天下也，无适也，无莫也，义之与比。"

【译】

孔子说："君子对于天下的人和事，既没有亲近的，也没有冷漠的，他只是跟正义站在一起。"

【释】

君子坚持正义，只认同适宜的和妥当的，以"义"为待人处事的标准，他不刻意亲近什么，不故意冷待什么，不以关系亲疏和情感偏好去对待他人和世界。"适"，往，接近。"莫"，即"漠"，淡薄，冷淡。"比"，二人并肩，亲密。

4.11 子曰："君子怀德，小人怀土；君子怀刑，小人怀惠。"

【译】

孔子说："君子把道德揣在心头，小人把田土揣在心头；君子把法度揣在心头，小人把实惠揣在心头。"

【释】

本章中的"君子"兼指有位者和有德者。有地位或有道德的君子，跟小人在心理内容上是不同的，由于地位或修养的差异，他们所关注的重点是不一样的。以有德而言，君子喻于道，故不会计较实利；小人喻于利，故关注现实利益。以有位而言，君子衣食无忧，所以所务远大；小人生存困窘，所以关注能出产粮食的土地以及他人所能带来的利益。

"惠"，恩惠，好处。《孟子·滕文公上》："分人以财谓之惠。"从分财物给人的一方来说，是施加恩惠；从接受财物的一方来说，是获得好处。

4.12 子曰："放于利而行，多怨。"

【译】

孔子说："依据利益而行动，会增加怨恨。"

【释】

根据利益而不是依据道义去采取行动，总会增加怨恨——自己若不能得利，自己心头会增加怨恨；自己若能得利，则会招致他人的怨恨。"放"，依据，旧读上声，音仿。"多"，增加。

4.13 子曰："能以礼让为国乎？何有？不能以礼让为国，如礼何？"

【译】

孔子说："能够用礼让来治理国家吗？但如今哪有用礼让来治理国家的？如果不能用礼让来治理国家，礼又有什么用呢？"

【释】

在治理国家层面，统治者必须讲求"礼让"，这是因为国家治理层面涉及庞大的利益和复杂的利益冲突，礼让精神有助于减少利益冲突，实现利益相对合理的分配。"何有"，有什么，本章中的意思是没有，指当时没有"以礼让为国"的诸侯了。

本章孔子慨叹当时礼已崩坏——已经没有了以礼让为国的诸

侯，礼在诸侯那里已沦为虚浮的形式了。

4.14 子曰："不患无位，患所以立。不患莫己知，求为可知也。"

【译】

孔子说："不要担忧没有地位，而要担忧自己赖以立身的是什么。不要担忧无人了解自己，而要寻求做值得被人们了解的事。"

【释】

这段话的意思就是：反求诸己。一个人立身处世，别人如何看待自己往往是不可控的，可控的是自己本身。不要对他人抱有幻想，自强自立才是立身之道。

4.15 子曰："参乎？吾道一以贯之。"曾子曰："唯。"

子出，门人问曰："何谓也？"曾子曰："夫子之道，忠恕而已矣。"

【译】

孔子说："曾参，你参验过吗？我的道是用一个基本的东西贯穿的。"曾子说："是。"

孔子出去之后，孔子门人问曾子："这是什么意思？"曾子说："老师的道，就是对自己尽心、对他人将心比心罢了。"

【释】

"参乎"的"参"既可以理解为曾参的名字，也可以作"参验"解。孔子借曾参的名字，主动向曾参发起谈话，一语双关，显示出孔子的风趣。忠恕之道是孔子思想的重要内容。在这里，"忠"是指对自己，"恕"是指对他人。"忠"，忠实尽心。"恕"，如己之心，将心比心，推己及人。

4.16 子曰："君子喻于义，小人喻于利。"

【译】

孔子说："君子对'义'清楚，小人对'利'清楚。"

【释】

这句话的意思是说，考虑事情的时候，君子心中更多地想到是否符合道义，小人心中则在盘算是否带来利益。如果君子是指有位者，本章就描述了一个基本事实：君子因其拥有所以不用更多地考虑物质利益，小人则因其匮乏所以更加关注物质利益。如果君子是指有德者，本章的意思就是：君子懂得按照正义的原则行事，小人懂得按照有利的原则行事。君子并非不懂得利益，只不过那不是他考虑的重点。"喻"，明白，清楚。

4.17 子曰："见贤思齐焉，见不贤而内自省也。"

【译】

孔子说："看见贤善，就想要与之等同；看见不贤善，就向内省察自己有没有这样的毛病。"

【释】

"见贤思齐"，把他人之长作为自己学习的榜样；"见不贤内自省"，鉴照他人之过失以免自己犯错。这是"以人为镜"的修养方法。

4.18 子曰："事父母几谏。见志不从，又敬不违，劳而不怨。"

【译】

孔子说："侍奉父母，要含蓄地劝止他们的过失。如果发现其心意是不想听从劝告，那就恭肃地对待他们而不要触犯他们，自己虽然忧心但不要怨恨。”

【释】

孝，是基于血缘出于天性的，父母有错需要纠正，子女有劝告的责任，但不能态度激烈。即使父母不听劝谏，也不宜对着干，子女对父母不听劝告会很伤心，但不可有怨恚之情。孔子并非主张对父母绝对服从，他是出于保护亲子亲情的目的而说这番话的。“几”，含蓄，轻微。“违”，触忤。“劳”，忧，忧愁。

4.19 子曰：“父母在，不远游。游必有方。”

【译】

孔子说：“父母在世，不去远处闲游。即使要闲游，也一定要有明确的去处。”

【释】

本章也是讲孝。父母在世不远游，即使远游也须有明确去处，都是为了能够照顾父母，同时也让父母对子女的情况放心。“游”是指从容悠闲、方位不固定的行走。《说文》：“游，旌旗之流也。”

4.20 子曰：“三年无改于父之道，可谓孝矣。”

【释】

已见于《学而第一》（1.11）。

4.21 子曰："父母之年，不可不知也。一则以喜，一则以惧。"

【译】

孔子说："父母的年龄，不能不了解。一方面因其年高而感到欢喜，一方面因其年高而感到害怕。"

【释】

本章是说子女对父母的情感深厚，希望父母长寿，所以每当看到父母年龄增长就感到欢喜；但父母随着年龄的增长也就越来越接近死亡，所以子女同时也会感到害怕。

4.22 子曰："古者言之不出，耻躬之不逮也。"

【译】

孔子说："古时候人们有话不说，是因为会对自己说出而做不到感到羞耻。"

【释】

言出不行，行而不至，都是难堪之事。所以凡是自己做不到的，都不应轻易说出口。"耻"，以为耻。"逮"，及，赶上。文中的"不逮"，是指行不能及言，做不到所说的。

4.23 子曰："以约失之者鲜矣。"

【译】

孔子说："因自我节制而犯错的情况是罕见的。"

【释】

自我约束，则容易符合礼的要求，言行有度，不容易冒犯他人，基本上就能规避社会生活中的很多失误。"约"，约束。

4.24 子曰："君子欲讷于言而敏于行。"

【译】

孔子说："君子要在言语上迟钝，在行动上敏捷。"

【释】

"讷"，言语迟钝。《说文》："讷，言难也。"所谓言语迟钝，不是言语能力不足，而是要谨慎，不轻易说。"敏于事而慎于言"（1.14）与此意思一样，这说明"讷"实际上所指的是"谨慎"。

4.25 子曰："德不孤，必有邻。"

【译】

孔子说："有德之人不会孤单，一定会有跟他接近的人。"

【释】

由于"德"是对"道"的响应，而"道"是周流天下的，因此有德之人必定不会孤单，一定会有跟他呼应的人，这种人或在当世，或在前世，或在后世，是必定会存在的。

4.26 子游曰："事君数，斯辱矣；朋友数，斯疏矣。"

【译】

子游说："侍奉国君过于密切频繁，就会招致侮辱；跟同学同道交往过于密切频繁，就会变得疏远。"

【释】

子游的意思是，无论对君主，还是对同学同道，都务必保持必要的距离。过于密切的交往，过于频繁的接触，迟早构成对对方的打扰，进而招致对方的厌烦，从而使得关系走向反面。礼不贵亵，进止有仪，这符合人性，是人际交往应该倡导和遵循的准则。

5.1 子谓公冶长，"可妻也。虽在缧绁之中，非其罪也"。以其子妻之。

【译】

孔子谈起公冶长，说，"可以嫁给他。虽然他身处狱中，但不是他有罪过"。孔子把自己的女儿嫁给他。

【释】

本篇开头几章都是孔子对一些弟子的评论。"公冶长"，孔子的弟子。"缧绁"，拴罪人的绳索，指代监狱。"子"，孩子（包括女儿）。

5.2 子谓南容，"邦有道，不废；邦无道，免于刑戮"。以其兄之子妻之。

【译】

孔子谈起南容，说，"国家有道之时，他能有所作为，不被弃置；国家无道之时，他能躲过祸殃，避免被刑罚制裁"。孔子把自己哥哥的女儿嫁给他。

【释】

本章是赞扬南容有办事的才能，也有顺应时势的智慧。"南容"，孔子的弟子南宫适。

5.3 子谓子贱，"君子哉若人！鲁无君子者，斯焉取斯？"

【译】

孔子谈起宓子贱，说，"这人是君子啊！如果说鲁国没有君子，那么这种人从哪里得来的呢？"

【释】

孔子反对"鲁无君子"的观点。他的意思是说，鲁国是有君子的，宓子贱就是。"子贱"，孔子的弟子宓不齐。这个理解跟前贤不同。《集注》说，"上斯，斯此人；下斯，斯此德"。根据这种解释，前一"斯"指子贱，后一"斯"指其君子之德行。这种解释比较迂回，使得同一句中的"斯"字所指对象不同，我个人觉得这种解释方法有瑕疵。"若人"，此人。"取"，得，得到。

5.4 子贡问曰："赐也何如？"子曰："女，器也。"曰："何器也？"曰："瑚琏也。"

【译】

子贡问道："我是个怎样的人？"孔子说："你，是一个器物。"子贡说："什么器物？"孔子说："瑚琏。"

根据古人注释，瑚琏是宗庙里盛黍稷的器物，夏朝叫瑚，殷朝叫琏，周朝叫簠簋。瑚琏作为宗庙之器，可参与神圣的礼仪活动，因而是贵重的。这说明孔子是认同子贡的才能的。但根据"君子不器"（2.12）可看出，孔子认为子贡尚未达到君子的修养。

5.5 或曰："雍也仁而不佞。"子曰："焉用佞？御人以口给，屡憎于人。不知其仁，焉用佞？"

【译】

有人说："冉雍为人有仁德却没有口才。"孔子说："哪里用得着口才？凭能言善辩压倒别人，常常会被人憎恶。对冉雍的仁德不去了解，用得着关注口才？"

【释】

孔子认为，看一个人须看其有无仁德，不用去关注他有无口才。"雍"，孔子弟子冉雍（字仲弓）。"佞"，口才，能言善说。"御"，驾驭，控制。"口给"，言辞丰富，表达力强。"给"，足。

5.6 子使漆雕开仕。对曰："吾斯之未能信。"子说。

【译】

孔子叫漆雕开出仕。漆雕开回答说："我对仕进之道还未能确实可靠地掌握。"孔子听了很舒心。

【释】

漆雕开的回答表现了他的谨慎。本章中漆雕开的回答符合孔子"知之为知之，不知为不知"的教导（2.17），所以孔子很高兴。"漆雕开"，孔子弟子。"仕"，出仕为官。"信"，信实，确实可靠。

5.7 子曰："道不行，乘桴浮于海。从我者，其由与！"

子路闻之喜。子曰："由也好勇过我，无所取材。"

【译】

孔子说："如果我主张的道无法实行，我就乘上木筏漂流到海上去。跟从我的，大概只有仲由吧！"

子路听到这话很欢喜。孔子说："仲由对勇气的喜爱超过了我，但他没有地方去取得造这木筏所需的木材。"

【释】

本章可见孔子的诙谐。"无所取材"一语双关，字面意思是子路找不到木材造不出木筏，因此无法"从我""乘桴浮于海"；暗示的意思是子路缺乏才能。但孔子说过"由也，千乘之国，可使治其赋也"（5.8），这表明他并不认为子路只有勇气没有才能。此处"无所取材"是孔子刻意敲打子路，他认为子路不够稳重。

5.8 孟武伯问："子路仁乎？"子曰："不知也。"又问，子曰："由也，千乘之国，可使治其赋也，不知其仁也。"

"求也何如？"子曰："求也，千室之邑，百乘之家，可使为之宰也，不知其仁也。"

"赤也何如？"子曰："赤也，束带立于朝，可使与宾客言也，不知其仁也。"

【译】

孟武伯问："子路有仁吗？"孔子说："我不知道。"他又问，

058

孔子说："仲由呢，拥有千辆兵车的国家，可以叫他负责兵役的工作。至于他仁不仁，我不知道。"

孟武伯继续问："冉求怎么样呢？"孔子说："求呢，千户人口的聚居地、拥有百辆兵车的大夫封地，可以让他当主管。至于他仁不仁，我不知道。"

孟武伯又问："公西赤怎么样呢？"孔子说："赤呢，穿着礼服站在朝堂之中，可以让他接待诸侯使者谈论事务。至于他仁不仁，我不知道。"

【释】

在《论语》中可以看出，孔子不轻易认为某人有仁。仁道宏远，这些弟子未能具备，但孔子又不能直接说他们无仁，这是在外人面前对自己弟子的爱护，也是对弟子们上进心的保护，所以他的回答很委婉，说自己"不知"。

"赋"，兵赋。"家"，卿大夫的封地（采地或采邑）。"百乘之家"即有车百乘的卿大夫。

5.9 子谓子贡曰："女与回也孰愈？"对曰："赐也何敢望回？回也闻一以知十，赐也闻一以知二。"子曰："弗如也。吾与女弗如也。"

【译】

孔子对子贡说："你同颜回谁更强？"子贡回答说："我怎敢和颜回相比？颜回懂得了某一现象，就能够推知全部的类似现象；我懂得了某一现象，只能够推知双倍的类似现象。"孔子说："你确实赶不上他。我同意你赶不上他的这个判断。"

子贡是聪明，颜回是绝顶聪明。一是数之始，十是数之终。"十"是全数，"二"是倍数。"闻一以知十"，是指能由个别推知全体，这需要绝高的领悟力。

"与"，同。《说文》释"与"为"赐予"，即给别人东西。与人东西，是自己愿意、同意的，引申为同意、赞同、认同。给人东西时双方都在场，故有作为连词"同"的引申。"女与回也孰愈"的"与"就是连词，把子贡和颜回连同起来比较；"吾与女弗如"的"与"则是动词，同意、认同。（古代有"与""與"二字，作连词的应是"與"。在此不多讨论。）"望"，通"方"，比较。

5.10 宰予昼寝。子曰："朽木不可雕也，粪土之墙不可杇也。于予与何诛？"

子曰："始吾于人也，听其言而信其行；今吾于人也，听其言而观其行。于予与改是。"

【译】

宰予在白天睡觉。孔子说："腐朽的木头不能雕刻，粪土似的墙壁没法粉刷。对于我而言呢，我谴责宰予什么？"

孔子说："最初我对别人，听到他的话就相信他的行为；如今我对别人，听到他的话但还要观察他的行为。对于我而言呢，我改变了听人说话的方式。"

【释】

孔子的弟子宰予白天睡觉，孔子的批评相当犀利不留情面。这件事并不像表面看起来那么简单。宰予在孔门以言语著称，很多场合都被孔子批评，有时候批评比较含蓄（3.21，6.26），而有时候非常严厉，如直斥其"不仁"（17.21）。结合前后篇章可以看出，宰予比较调皮，思想不纯正，所以孔子的斥责比较严厉。

"杇"，用来涂抹粉刷墙壁的工具。这里作动词，粉刷。"诛"，声讨，谴责。本章中的两个"与"，都是语气词。两个"子曰"，说明孔子两段话很可能不是同一时间讲的，后一个"子曰"可能是另外什么时候针对宰予善言而讲的（按11.3，宰我、子贡的"言语"是十分突出的），未必是针对宰予昼寝这件事。

5.11 子曰："吾未见刚者。"或对曰："申枨。"子曰："枨也欲，焉得刚？"

【译】

孔子说："我没见过心志坚定的人。"有人回答说："申枨就是这样的人。"孔子说："申枨欲望太多，怎能做到心志坚定？"

【释】

孔子所谓"刚"，是指心志坚定不屈不挠。郑玄说，"刚"，就是"强志不屈挠"。"心志坚定"易说而难行，因为人的欲望作为本能力量极其强大，容易改变甚至摧毁人的志节。孟子说"浩然之气至大至刚"，后人据本章孔子之意说"无欲则刚"，"刚"的标准是极高的。世上以刚见称者，多半也是相对而言的。

5.12 子贡曰："我不欲人之加诸我也，吾亦欲无加诸人。"子曰："赐也，非尔所及也。"

【译】

子贡说："我不想要别人凌驾于我之上，我也不想要凌驾于别人之上。"孔子说："赐啊，这不是你能做得到的啊。"

【释】

孔子这句话含有非常深刻的感叹。人是有占有欲、侵略性的社会动物，不同的人能力不同，社会地位不同，或显或隐的欺凌和压迫现象普遍存在，很难避免。以此为背景，我们能更好地理解为何"礼"是必要的，为何孔子会不遗余力地倡导"礼"。"加"，凌驾，欺凌。

5.13 子贡曰："夫子之文章，可得而闻也；夫子之言性、与天道，不可得而闻也。"

【译】

子贡说："老师讲授的关于礼乐诗书的知识，是能够弄明白的；老师谈论天命、认同天道，是不能够弄明白的。"

【释】

"性"，是指天命。《中庸》说："天命之谓性。""与天道"，认同天道。在子贡看来，礼乐诗书等典籍文献属于具体知识，容易领会；但天命、天道则属于哲学的领域，深奥神秘，是很难懂得的。"闻"，懂得。把"闻"解释为"听说"是不妥的，因为如果孔子从未提及"性"和"天道"，那么子贡也就无从讲出"夫子之言性、与天道"这样的话来。

本章的断句，跟通行版本不同。"夫子之言性与天道"，宜标点为"夫子之言性、与天道"，这里的"与"不宜理解为现代汉语中的连词"与"，而是一个实词，意思是认同、赞成。《子罕第九》中"子罕言利，与命，与仁"（9.1）的"与"，也是这个意思。

5.14 子路有闻，未之能行，唯恐有闻。

【译】

子路听到了某个道理，如果还未能按这道理去做，他就唯恐听到新的道理。

【释】

本章是说子路不求多知，但知则必行，务求落实。

5.15 子贡问曰："孔文子何以谓之'文'也？"子曰："敏而好学，不耻下问，是以谓之'文'也。"

【译】

子贡问道："孔文子凭什么被称为'文'呢？"孔子说："他聪敏而喜欢学习，不以谦虚下问为耻，因此被称为'文'。"

【释】

"孔文子"即卫国大夫孔圉，"文"是谥号，"子"是尊称。根据谥法，"勤学好问曰文"。本章和以下几章都是对政治人物的评论。

5.16 子谓子产有君子之道四焉：其行己也恭，其事上也敬，其养民也惠，其使民也义。

【译】

孔子认为子产有四点符合君子之道：他把持自己庄重，他侍奉国君肃敬，他养护民众有恩惠，他役使民众讲正义。

【释】

子产是春秋时郑国的贤相。他"不毁乡校"，让郑国人不但在此求学，而且也可议论时政，开后世清议之先河。

5.17 子曰："晏平仲善与人交，久而敬之。"

【译】

孔子说："晏平仲善于与人交往，相交很久后，别人仍然尊敬他。"

【释】

"晏平仲"即晏婴。孔子的这句话深通人情。俗谚说"相见易得好，久后难为人"，此理相通。初见时容易看到对方优点，相处久了则容易察觉对方的种种毛病。晏婴与人交往很久仍然能够获得别人的尊敬，这是很不容易的，孔子认为这才算得上"善与人交"。

5.18 子曰："臧文仲居蔡，山节藻棁。何如其知也？"

【译】

孔子说："臧文仲留存了占卜的大龟，龟房装饰得像天子家庙——把房柱上的斗拱雕成山形，在梁上的短柱上画上水草。他的聪明又如何呢？"

本章是批评臧文仲越礼，孔子认为越礼是不智的。越礼之不智是显而易见的，凡为社会规范所不容的行为，不但会给社会带去损害，也容易给自己带来麻烦甚至灾祸。

臧文仲是鲁国的大夫。"蔡"，大龟。古人用龟占卜，以为龟越大越灵。蔡是大龟，为天子诸侯所用，非大夫所当有；而山节藻棁是天子家庙的装饰，这也是越礼的行为。

5.19 子张问曰："令尹子文三仕为令尹，无喜色；三已之，无愠色。旧令尹之政，必以告新令尹。何如？"子曰："忠矣。"曰："仁矣乎？"曰："未知。焉得仁？"

"崔子弑齐君，陈文子有马十乘，弃而违之。至于他邦，则曰：'犹吾大夫崔子也。'违之。之一邦，则又曰：'犹吾大夫崔子也。'违之。何如？"子曰："清矣。"曰："仁矣乎？"曰："未知。焉得仁？"

【译】

子张问道："楚国令尹子文三次出仕做令尹，没有欢喜的脸色；三次被罢免，没有郁闷的脸色。他被罢免时一定会把自己的治理措施告诉新令尹。此人怎么样？"孔子说："这是尽心。"子张说："这是仁了吗？"孔子说："我不知道。怎样才能算是仁？"

子张又问："崔杼杀掉齐国国君，齐国大夫陈文子有四十匹马，他舍弃这些财产离开了齐国。陈文子到了别的国家，说：'这里的执政者同我国大夫崔杼差不多啊。'又离开。又到了一国，又说：'这里的执政者同我国大夫崔杼差不多啊。'于是又离开。

此人怎么样？"孔子说："这是清白。"子张说："这是仁了吗？"
孔子说："我不知道。怎样才能算是仁？"

【释】

"令尹"，楚国之相叫作令尹。"弑"，在下位的人杀掉在
上位的人。令尹子文和陈文子，一个一心为政无所保留，是"忠"；
一个不与逆臣共事，是"清"。孔子对此二人作出了实事求是的
评价，他用反问子张的方式，暗示子文和陈文子都不能被说成是
"仁"。

5.20 季文子三思而后行。子闻之，曰："再，斯可矣。"

【译】

季文子再三考虑之后才付诸行动。孔子听到这情况，说："考
虑两次，这就可以了。"

【释】

考虑两次，是谨慎；再三考虑，则是过于谨慎。过于谨慎，
顾虑太多，就是太计较得失，就容易优柔寡断，从而失去行动的
勇气。

5.21 子曰："宁武子，邦有道则知，邦无道则愚。其知可及也，
其愚不可及也。"

【译】

孔子说："宁武子这个人，国家有道时他就显出聪明，国家
无道时他就显得愚笨。他的聪明别人赶得上，他的装傻别人却赶
不上啊。"

【释】

希望获得肯定与认同是人的天性。积极进取、表现自己的聪明才智，是人的天然倾向。聪明人总会由于其智力优势而对周围人群造成压力，这通常会使得人们警惕甚至仇恨身边的聪明人，这同样是人的天然倾向。国家有道之时，竞争环境比较有序，发挥自己的聪明才智基本上是安全的；国家无道之时，不正常的竞争环境则容易使聪明人受到损害，此时真正的聪明人倾向于装傻。宁武子的"其愚不可及"，正是其高度聪明的表现。

5.22 子在陈，曰："归与！归与！吾党之小子狂简，斐然成章，不知所以裁之。"

【译】

孔子在陈国，说："回去吧！回去吧！我们家乡的后生进取心强但处事疏阔，文采显耀但不懂得如何裁制。"

【释】

孔子的意思是他要回去训导在家乡的那些弟子。孔子认为有进取心和有才干都是值得肯定的，但提高自身修养、加强自我约束是必要的。"狂"，进取；"简"，简单，疏阔。"斐然成章"是指文采可观，有才华；"不知所以裁之"是指不懂得如何利用才华（就像不懂得裁布以成衣一样）。

5.23 子曰："伯夷、叔齐不念旧恶，怨是用希。"

【译】

孔子说："伯夷、叔齐不忆念别人过去的恶言恶行，怨恨因此很少。"

【释】

本章的意思是要"放得下"——从对待自己的角度说，"不念旧恶"，自己心中则无怨恨，可以活得更坦然；从对待他人的角度说，为避免将来招致怨恨，应放下从前的仇怨。"怨"既可以是指自己心中的怨恨，也可以是指他人对自己的怨恨。

伯夷、叔齐，古孤竹国君的两个儿子。孤竹君死后，两人互相推让不肯继承国君之位。后来谏阻武王伐纣；周灭纣后，他们以吃周朝的粮食为耻，逃到首阳山以采薇度日，至于饿死。"恶"，刻意犯下的恶行。有心而恶谓之"恶"，无心而恶谓之"过"。"用"，因此。"希"，少。

5.24 子曰："孰谓微生高直？或乞醯焉，乞诸其邻而与之。"

【译】

孔子说："谁说微生高直率？有人向他讨要醋，他（不直说自己没有醋，而）到邻居那里讨来给那个讨醋的人。"

【释】

微生高设法帮助他人，可以说是个好人；但他并不直率，却也是事实。孔子按事情本来的情况作出评价，这也见于别的篇章，如5.19。"醯"，醋。

5.25 子曰："巧言令色，足恭，左丘明耻之，丘亦耻之。匿怨而友其人，左丘明耻之，丘亦耻之。"

【译】

孔子说："言语花巧脸色伪善，表现出足够的恭顺，左丘明以此为耻，我也以此为耻。隐瞒着内心的怨恨，装得跟他人志趣投合，左丘明以此为耻，我也以此为耻。"

【释】

人应该坦率诚实，表里不一是不健康的。这种人也不值得信任，他们之所以要这样虚情假意，是因为有所图谋。

5.26 颜渊、季路侍。子曰："盍各言尔志？"

子路曰："愿车马衣轻裘与朋友共敝之，而无憾。"

颜渊曰："愿无伐善，无施劳。"

子路曰："愿闻子之志。"

子曰："老者安之，朋友信之，少者怀之。"

【译】

颜渊、季路侍奉在孔子身边。孔子说："何不各自说说自己的心愿？"

子路说："希望能有车马和皮衣跟同学同道共同享用，这就没有缺憾了。"

颜渊说："希望能不夸耀自己的美善，不把劳苦施加给他人。"

子路说："希望听到您的愿望。"

孔子说："老者，能够安养他们；同学与同道，能够取信于他们；年少的人，能够庇护他们。"

【释】

志者心之所之，"志"可被解释为心愿、志向。

本章理解的难点在"愿车马衣轻裘与朋友共敝之而无憾"一句。此句的断句有争议，句中的"轻"字也被认为是衍文，唐前古本无"轻"字。问题很复杂，这里不多说，只是说说我的意见。我认为这是个病句。"车马"与"轻裘"非普通人所能拥有，代表着富贵，正确的表达当有"轻"字。而按正确的语法，"衣"字不必有。

"盍"，"何"与"不"的合音字。"敝"同"蔽"，遮蔽。"轻裘"本来就有蔽体的功能；当时人们是坐车（尚无骑马的习惯），"车马"是指马拉的车，车则有车盖，可以"蔽"。为译文通顺，我把"敝"理解为"蔽"，意译为享用。"安"，宁定，安养。"怀"，藏在怀中，庇护。

本章最后的这句话也可翻译为："老者，使其对我安心；同学与同道，使其信任我；年少的人，使其感念我。"这样翻译也通，但把"之"解释为第一人称代词有瑕疵。

5.27 子曰："已矣乎，吾未见能见其过而内自讼者也。"

【译】

孔子说："完了，我没有见过能发现自己的过失就发自内心自我责备的人。"

【释】

不知孔子讲这番话的具体场景，不知他针对的人或具体现象是什么，但这番话的意思是清楚的。人们看到别人的错误与缺点会迅速涌起批评和纠正的冲动，但不太容易发现自己的错误，即使发现了往往也是自我遮掩、自我安慰或自我辩护。这是人性的自然趋势。有自知之明、有错即改，是很不容易的。"讼"，以言语争论曲直，引申为站在公正立场上责备。

5.28 子曰："十室之邑，必有忠信如丘者焉，不如丘之好学也。"

【译】

孔子说："即使只有十户人家的聚居地，也一定有像我这样尽心且信实的人，但他们赶不上我喜欢学习。"

【释】

孔子反复强调学习的重要性。根据"有颜回者好学……今也则亡"（6.3），可见孔子所谓的"好学"不是一般人容易达到的。本章的意思，并不是说孔子认为"忠信"容易做到，而是强调"好学"之难。

6.1 子曰："雍也可使南面。"

【译】

孔子说："冉雍这个人，可以让他做长官。"

【释】

古时君王卿士治事临民，皆南面，故"南面"意为当一方之任。

6.2 仲弓问子桑伯子。子曰："可也，简。"仲弓曰："居敬而行简，以临其民，不亦可乎？居简而行简，无乃大简乎？"子曰："雍之言然。"

【译】

仲弓问到子桑伯子这个人。孔子说："此人可以，简单。"仲弓说："存心恭肃而行事简单，以此治理民众，不也可以吗？如果存心简单而行事也简单，恐怕太简单了吧？"孔子说："你的话正确。"

【释】

为政以"简"，则不烦琐，做事容易抓住要点，简政也能不扰民。

但任何事情都不可过分，"简"可，"大简（太简）"则不可。冉雍的意思是，如果只图办事之"简"，而事前用心不够（不曾"居敬"），那是不行的。"行简"是指行为而言，"居敬"与"行简"对举，"居敬"是就内心而言。"临"，俯视，指治理。

6.3 哀公问："弟子孰为好学？"孔子对曰："有颜回者好学，不迁怒，不贰过。不幸短命死矣，今也则亡，未闻好学者也。"

【译】

鲁哀公问："你的弟子中谁是好学的？"孔子回答说："有个叫颜回的弟子好学，他不把自己的怒气迁移到别人身上，也不会重犯同样的过错。他不幸短命死了，现在就没有他这样的人了，我没听说过有好学的人了。"

【释】

孔子对颜回的评价是"好学"，而他特别谈到不迁怒、不贰过这两点，由此可以看出，在孔子的观念中，"好学"是知而能行，身体力行，必然带来内心修养（不迁怒）和外显行为（不贰过）的进步。"亡"，无。

6.4 子华使于齐，冉子为其母请粟。子曰："与之釜。"请益。曰："与之庾。"冉子与之粟五秉。
子曰："赤之适齐也，乘肥马，衣轻裘。吾闻之也：君子周急不继富。"

【译】

公西华出使到齐国，冉有替公西华的母亲请求粟米。孔子说：

"给他一釜。"

冉有请求增加一些。孔子说："再给一庾。"冉有却给了五秉粟米。

孔子说："公西赤到齐国去，乘坐肥马所驾的车子，穿着轻便暖和的皮袍。我听说过，君子只是周济急需救济的人，而不是继续去增加富人的财富。"

【释】

"周急不继富"，让所有人尤其是困境中的人都能生存，这是仁爱思想的表现。反对富者更富，反对贫富差距过大，这也是中庸思想在财富分配方面的表现。

"子华"，孔子弟子公西赤。"乘肥马"，乘着肥马所驾之车。"釜""庾""秉"，都是古代量名。据前人注疏，"釜"是六斗四升，"庾"是二斗四升，"秉"是十六斛。十斗为斛。"周"，接济。"继"，接续，追加。

6.5 原思为之宰，与之粟九百，辞。子曰："毋！以与尔邻里乡党乎！"

【译】

原思为孔子做管家，孔子给他粟米九百（作为酬劳），原思推辞。孔子说："别推辞！（如果你不想自己收下，那么）把这些粟米给你的乡邻吧！"

【释】

"原思"，孔子弟子原宪。"邻里乡党"，周代的居住组织制度。孔子不同意原宪辞让禄米，这是因为理当得到的不应推让，否则就有失公平。孔子又说，如果不想要就分给乡邻，这是孔子仁爱思想的表现。

6.6 子谓仲弓曰："犁牛之子骍且角，虽欲勿用，山川其舍诸？"

【译】

孔子对冉雍说："耕牛产下的牛犊，如果有红色的牛毛和端正的牛角，虽然人们不把它用于庄严的祭礼，但山川之神难道会舍弃它吗？"

【释】

本章的意思是，一个人出身低贱，但只要具备才器，即便不被他人任用，也会得到神的眷顾。

"犁牛"，耕牛，一说毛色黄黑相杂之牛。"骍"，赤色。周朝以赤色为贵，所以祭祀也用赤色的牲畜。"角"，牛角，这里是指牛角长得周正。"诸"，"之乎"两字的合音。

6.7 子曰："回也，其心三月不违仁。其余，则日月至焉而已矣。"

【译】

孔子说："颜回啊，他的心能够长久不离开仁。余下的弟子，只是能够短暂地抵达仁而已。"

【释】

持续地与仁同在，这才是稳定的境界；短暂地触及仁，这只是偶然的领悟。"日月"，一日或一月，相较于"三月"而言，指短暂的时间。

6.8 季康子问："仲由可使从政也与？"子曰："由也果，于从政乎何有？"

曰："赐也可使从政也与？"曰："赐也达，于从政乎何有？"

曰："求也可使从政也与？"曰："求也艺，于从政乎何有？"

【译】

季康子问："仲由能够让他从事政事吗？"孔子说："仲由务求落实，对于从事政事有什么问题呢？"

又问："端木赐呢，能够让他从事政事吗？"孔子说："端木赐为人通达，对于从事政事有什么问题呢？"

又问："冉求呢，能够让他从事政事吗？"孔子说："冉求具有才干，对于从事政事有什么问题呢？"

【释】

从对话语境来看，孔子对这三位弟子都给予了较高评价，可能是他希望向季康子推荐他们从政。"果"，植物的果实，这里指落实（求得结果）。从"子路有闻，未之能行，唯恐有闻"（5.14）可知子路的这一特点。"艺"，才能。人之才能，由礼、乐、射、御、书、数六艺出，所以"艺"可指多才艺。

6.9 季氏使闵子骞为费宰。闵子骞曰："善为我辞焉！如有复我者，则吾必在汶上矣。"

【译】

季氏让闵子骞担任费地的主管。闵子骞（对季氏派来的人）说："好好地替我辞掉吧！如果再来找我，那么我一定会逃到汶水之北去。"

若在乱世，处世艰难，刚则必取祸，柔则必取辱。闵子骞不愿与季氏为伍，不合作，这是带着柔性的刚；虽抗拒而以推辞逃遁为策略，这是带着刚性的柔。

"闵子骞"，孔子弟子闵损。"汶上"，汶水以北，指齐国。桂馥说"水以阳为北，凡言某水上者，皆谓水北"，齐鲁两国以汶水为界，汶北为齐国，闵子骞的意思是，如果季氏再派人来叫他担任费宰，他将逃离鲁国。

6.10 伯牛有疾，子问之，自牖执其手，曰："亡之，命矣夫！斯人也而有斯疾也？斯人也而有斯疾也？"

【译】

伯牛病了，孔子去探问他，从窗口握着伯牛的手，说："失去，这就是命啊！为什么这样的人却会有这样的病啊？为什么这样的人却会有这样的病啊？"

【释】

"伯牛"，孔子弟子冉耕。根据"德行：颜渊，闵子骞，冉伯牛，仲弓"（11.3），伯牛是孔门德行突出者。孔子从窗户伸手与伯牛握手，可能是孔子不忍心看见伯牛重病的样子，也可能是伯牛不忍心他重病的样子被老师看到。伯牛有德行而患重病，孔子很难接受，所以他归因于命运，并接连哀叹"斯人也而有斯疾也"。有人说伯牛可能有传染病，这种理解恐怕不确。

6.11 子曰："贤哉回也！一箪食，一瓢饮，在陋巷，人不堪其忧，回也不改其乐。贤哉，回也！"

【译】

孔子说："颜回贤良啊！一篮饭，一瓢水，住在狭小的巷子里，别人无法承受这种贫苦的烦忧，颜回却不曾改变他愉悦的心境。颜回，贤良啊！"

【释】

颜回之乐，可以理解为"其心三月不违仁"，因而内心能有稳定的愉悦；也可理解为"好学"之乐，颜回因"好学"的内心愉悦而不在乎物质的贫困。"贤"，多才德，优良，美善。"箪"，古代盛饭的竹器。

6.12 冉求曰："非不说子之道，力不足也。"子曰："力不足者，中道而废。今女画。"

【译】

冉求说："不是我对您所倡导的道感到不舒心，是我的力量不够啊。"孔子说："力量不够的人，走到半路才停止前进。但现在你是自我设限不肯向前。"

【释】

本章是孔子批评冉求不是能力不足而是不想进步。"画"，划定界限。《说文》："画，介（界）也。"文中的意思是划出界限，自我设限。

6.13 子谓子夏曰："女为君子儒，无为小人儒！"

【译】

孔子对子夏说："你要做志趣远大的君子儒，不要做褊浅卑狭的小人儒！"

【释】

"儒"并不是孔子时才有的，很早就出现了，最早可能指祭司或巫师，后为学者之称，指掌握一定知识的人。"君子儒"与"小人儒"，以境界高低来区分，不以品德正邪来区分。"小人儒"不等于"小人"，是指境界浅陋、缺乏理想人格的平庸的知识分子。

6.14 子游为武城宰。子曰："女得人焉耳乎？"曰："有澹台灭明者，行不由径，非公事未尝至于偃之室也。"

【译】

子游做武城的主管。孔子说："你在这里找到人才了吗？"子游说："有个叫澹台灭明的人，走路不走小道，除了公事从不到我的屋里来。"

【释】

孔子问子游的话，反映出他重视举贤才。子游的话，则反映了他对贤才的理解——"行不由径"，是办事讲原则，走大道，不贪小利，不图便捷；"非公事未尝至于偃之室"，是为官无私交，为政避嫌。"径"，路之小而捷者，小道、邪道之意。

6.15 子曰："孟之反不伐。奔而殿，将入门，策其马曰：'非敢后也，马不进也。'"

【译】

孔子说："孟之反不夸耀自己。在逃奔的时候他走在最后；将退入城门之时，他鞭打着自己的马说：'不是我敢于殿后，是马不肯向前啊。'"

【释】

孔子讲孟之反的故事，意思是说，孟之反有勇而不自夸其勇。"伐"，夸耀。"奔"，《说文》解释为"走也"，也就是快跑；《释名》的解释是"奔，变也，有疾变奔赴之也"，也就是因有变故而奔跑。根据后面的"殿"，可知此处的"奔"指军败逃命。"殿"，军行在后。

6.16 子曰："不有祝鲍之佞而有宋朝之美，难乎免于今之世矣。"

【译】

孔子说："如果没有祝鲍的口才却有宋朝的美貌，在现在的社会要避免祸害，难啊。"

【释】

"宋朝"，宋国的公子朝，《左传》中说他因美貌而与两位国君的女人宣姜、南子有染，但未见此事为公子朝带来何种灾祸的记载。本章意思可能是说，当今之世是一个重视口才的时代——如果没有口才，像公子朝那种情况在当今是很难避免祸患的。从《论语》别的篇章可知，孔子对巧言很反感，主张"慎于言"（1.14）和"讷于言"（4.24）。可以看出，孔子对"今之世"的评价是很低的。

6.17 子曰："谁能出不由户？何莫由斯道也？"

【译】

孔子说："谁能够走出房间却不经由房门？但为什么无人遵循这'道'而行动呢？"

【释】

"道"是周遍的，无所不在，人活在"道"之中，这是事实；即便人们并不懂得"道"，也无法改变这一事实。正如无法不通过门而出门一样，人无法绕开"道"而活着——但现实的现象却是，没有人自觉去遵循"道"以完成人生。

这是因为人们对"道"没有认识和领悟。人们只是根据经验行事，经过房门走出房间，这是自然而然的经验；要遵"道"而行，依据真理去行动，则需要对世界和人生的觉悟。前者是自发的，很容易；后者是自觉的，很不容易。

6.18 子曰："质胜文则野，文胜质则史。文质彬彬，然后君子。"

【译】

孔子说："人的自然属性压倒了文化属性，就会出现粗野不修的问题；人的文化属性压倒了自然属性，就会出现修饰过度的问题。人的自然属性和文化属性配合恰当，这才能够成为君子。"

【释】

"质"是朴实的、无修饰的自然属性，"文"是经过修饰的、接受过教化的文化属性。"野"是无任何修饰的粗陋的状态，"史"是经过人力干预、带有造作矫饰的状态。《周礼·天官》中说，"史"是"掌官书以赞治"的，书面记录总是存在修饰与剪裁，带有有意的造作或美化。孔子要求人应该受文明教化，因此不能仅仅是"质"，必须有"文"；而"文"太过则变成矫饰，又会压倒人的天性。孔子认为，在人的天性和社会性之间应该达成平衡。本段翻译跟常见译文不同，读者应审慎辨别。

6.19 子曰："人之生也直，罔之生也幸而免。"

【译】

孔子说："人的生存本该是正直的。不正直的人也能生存，是由于他侥幸躲过了灾祸。"

【释】

"直"就是正直，坦直；"罔"就是"枉"，不正直。"直"本来是生命的天性，一切生物在理想状态下都是正直地成长和直接地表达自己的。而现实不可能是理想的，因而"直"才会成为一种美德，"罔"也才有它的土壤。但在正常的社会现实中，在多数情况下，不正直容易损害他人、招致灾祸，所以孔子说不正直的人也能生存，那是因为侥幸。

6.20 子曰："知之者不如好之者，好之者不如乐之者。"

【译】

孔子说："运用智力去理解，不如带着情感去喜欢；带着情感去喜欢，又不如发自内心地去享受其中的愉悦。"

【释】

孔子在此没有明确指出他所谈论的对象是什么，估计应是求知之事。"乐之"，以之为乐，把它作为愉悦的享受。为了译文更畅达，此处有所增添。

6.21 子曰："中人以上，可以语上也；中人以下，不可以语上也。"

【译】

孔子说："对具有中等以上才智的人，可以告诉他们高深的东西；对于中等以下才智的人，则不可以告诉他们高深的东西。"

【释】

孔子承认人的智力差异。具有中等以上才智的人，他们具有理解更高等的知识的可能性；而中等以下才智的人，他们无法理解高深的东西；他们非但不能理解，反而可能因误解或不解而生出更多的惑乱。"中人"，中智之人。

6.22 樊迟问知。子曰："务民之义，敬鬼神而远之，可谓知矣。"问仁。曰："仁者先难而后获，可谓仁矣。"

【译】

樊迟问什么是"智"。孔子说："致力于让民众走向正义，恭肃地对待鬼神但远离鬼神，可以说是'智'了。"樊迟问什么是"仁"。孔子说："仁者先于别人去做艰难的事，后于别人去收获成果，这就可以说是'仁'了。"

【释】

根据孔子的回答可知，智者务实，做有实际意义的事；对于玄虚的、不确定的事，既不否定也不认同，留有余地。仁者做事争先，不畏艰难；得利在后，不与人争。

6.23 子曰："知者乐水，仁者乐山；知者动，仁者静。知者乐，仁者寿。"

【译】

孔子说："智者享受对水的观赏，仁者享受对山的观赏；这是因为智者灵动，仁者沉静。智者是愉悦的，仁者是长寿的。"

【释】

此处的标点跟通行的标点不同，我认为"知者动，仁者静"是对"知者乐水，仁者乐山"的解释——智慧具有灵动的特性，与水的流动相似；仁厚具有沉静的特性，与山的静默相似。这就是为什么"知者乐水，仁者乐山"——他们各自从水或山中发现了自己。"乐"，感到愉悦，这里意译为"享受"。

"知者乐，仁者寿"，是说智者在自身的智力活动中体验到智力活跃的愉悦，而仁者因其厚重沉静而强化了其生命的稳定性，寿命因而得以延长。

6.24 子曰："齐一变，至于鲁；鲁一变，至于道。"

【译】

孔子说："齐国一改变，则可走上鲁国的治理路径；鲁国一改变，则可走上理想的治理之道。"

【释】

本章提及的是国家而非个人，此处的"道"应该是指治理之道。

齐国是太公后人，鲁国是周公后人。太公是大贤，有才智，故齐国有能耐，能行霸道；周公是圣人，有道德，故鲁国讲礼义，能行王道。有能耐的齐国若能讲礼义，则齐可使如鲁；鲁有礼义若能进一步提振先王遗风，则可使治理达到理想状态。

6.25 子曰："觚不觚。觚哉！觚哉！"

【译】

孔子说："觚不成其为觚了。觚本该是觚啊！觚本该是觚啊！"

【释】

孔子主张"正名"，本章是慨叹当时事物名不副实。觚是礼器，孔子很可能是针对当时"礼"的变味而讲这话的。

6.26 宰我问曰："仁者虽告之曰井有仁焉，其从之也？"子曰："何为其然也？君子可逝也，不可陷也；可欺也，不可罔也。"

【译】

宰我问道："假如告诉一个仁者说井里有'仁'，他会跳下井去追随'仁'吗？"孔子说："为什么要这样做呢？这会使君子去到井边，却不会使他陷落井中，因为人们能够欺骗君子，但不能使他迷惑。"

【释】

孔子倡导"仁"，宰我的提问比较尖锐，意思是在可能危及自身生命的情况下，还要不要追求"仁"。"井有仁"的"仁"，不宜理解为"仁人"，而宜理解为"仁"，毕竟"仁"不等同于"仁人"。宰我"井有仁焉，其从之也"所问的，不是要不要下井救人，而是"仁"的价值是否应冒着生命危险去追随。"可欺也，不可罔也"的回答，是孔子对此提问的反驳——"仁"作为一种价值并不存在于井中，宰我的提问方式是虚假的，是"欺"，但君子最终是不会被迷惑的。仁者并非笨伯，他是具有理性的，他可能会被诱导到井边去，但要让他愚蠢地坠井是不可能的。

本章似乎暗示了"仁智一体"的思想。"仁"与"智"固然有所区别，但并不对立，二者常常是统合在一起的。

6.27 子曰："君子博学于文，约之以礼，亦可以弗畔矣夫！"

【译】

孔子说："君子广泛地学习文献知识，并用礼来自我约束，也就能不背离正道了。"

【释】

杨伯峻引毛奇龄的《论语稽求篇》："此之博约是以礼约文，以约约博也。博在文，约文又在礼也。"如此，则"约之以礼"的"之"是指代"文"，即所谓"由博返约"的意思。我认为"文"和"礼"本自有不同功能，"文"旨在知识与理解，"礼"旨在规则与约束，要把"文"都"约"于"礼"上，没必要也不现实。何况"由博返约"与下文的叛与不叛，也无甚关系。"畔"，同"叛"。

6.28 子见南子，子路不说。夫子矢之曰："予所否者，天厌之！天厌之！"

【译】

孔子去见南子，子路不舒心。孔子对着子路发誓说："我若做了不对的事，上天会厌弃我！上天会厌弃我！"

【释】

古人孔安国等以为，孔子见南子，是为了通过南子说服卫灵公来接受他的观点，因为南子被卫灵公宠爱。"南子"，卫灵公夫人，有淫行，当日对卫国国政有影响力。"矢"，誓。"所"，发誓所用的词。"否"，不是，不正确。

6.29 子曰："中庸之为德也，其至矣乎！民鲜久矣。"

【译】

孔子说："中庸作为德，大概是最高的了！大众极度缺乏这种德行已经很久了。"

【释】

孔子批评人们普遍的偏激与普遍的理性缺失。

《论语》中仅此一条直接提及"中庸"。"中"，折中，不偏不倚，无过，也无不及；"庸"，平常。"中"则不致极端，"庸"则常行不废。"中庸"强调平衡、折中，认为极端状态是相对的、暂时的，只有中庸才是稳定的。中庸的本质是追求理性平衡，追求辩证统一。"民"，民众，大众。

6.30 子贡曰："如有博施于民而能济众，何如？可谓仁乎？"子曰："何事于仁？必也圣乎！尧舜其犹病诸。夫仁者，己欲立而立人，己欲达而达人。能近取譬，可谓仁之方也已。"

【译】

子贡说："假如有人能广泛地给民众好处并能成就大众希望做成的事情，怎么样？可以说是'仁'了吧？"孔子说："这关'仁'什么事？这一定是'圣'啊！按照这个标准，就连尧舜大概都还有严重缺点吧。所谓'仁'，就是由于自己想要能立身，于是帮助别人也能立身；由于自己想要通达，于是帮助别人也能通达。凡事能就近以自己作比而推己及人，可以说就是达成‘仁’的方法了。”

【释】

“己欲立而立人，己欲达而达人”，这是推己及人实践“仁”的方法。“济”，成就。“济众”，成就众人的愿望，帮助众人达成他们希望达到的目标，这比“博施于民”更进一层。

“博施于民而能济众”，孔子称之为“圣”。支撑着“博施于民而能济众”的，则是“立人”“达人”的“仁”的精神。在本章中，孔子视“仁”为推己及人的道德情感，视“圣”为“仁”的社会实践的最高境界，这是“仁”与“圣”在内涵上的区别；“仁”未必能“圣”，“圣”必本于“仁”，这是“仁”与“圣”二者之间的关系。

7.1 子曰："述而不作，信而好古，窃比于我老彭。"

【译】

孔子说："继承而不创立，为人信实并喜爱古代文化，我私下跟我的老彭亲近。"

【释】

《说文》："述，循也。"又，"作，起也"。可见"述""作"分别指继承与创立。"老彭"，王夫之说此人见于《大戴礼》，是商代的贤大夫，孔子说"窃比于我老彭"，显然是表明自己"述而不作，信而好古"的尚友古人的态度。"比"，本义是亲密、密切，引申为亲近。

7.2 子曰："默而识之，学而不厌，诲人不倦，何有于我哉？"

【译】

孔子说："默默地在内心识别道理，学习而不满足，教导他人不倦怠，这对我有什么困难呢？"

【释】

本章中孔子谈论了三个方面：思考、学习和施教。"识"，识别，分辨。"默而识之"不是默默记得，而是默默地思考辨别。如果把"识"解释为"记得"，而"学"是需要记忆的，那么"默而识之"就成为从属于下一句"学"的一个方面了，这将使得这串句子的表达逻辑出现问题。孔门中能得"默而识之"之意者，首推颜回（参见 2.9）。

7.3 子曰："德之不修，学之不讲，闻义不能徙，不善不能改，是吾忧也。"

【译】

孔子说："德行不修治，学问不讲议，明白正义之所在却不趋赴正义，有不良问题却不能改正，这都是我所忧虑的。"

【释】

德不修不成，学不讲不明，见善能徙，不善则改，这是本章中孔子提出自我提升须着力的四个方面。

"讲"，《说文》解释为"和解"，意思是"不合者调和之，纷纠者解释之"（段玉裁）。如此则所谓"讲"不是单方面的事，而是有"不合"或"纠纷"时双方或多方的相互商量、商议。学习上有疑惑，即须商量评议，故"学之不讲"是堪忧的。

7.4 子之燕居，申申如也，夭夭如也。

【译】

孔子闲居在家，体态舒展，表情丰富。

本章讲孔子在家时的体态和神情。因为在家时比较自由和放松，所以体态更加舒展，表情更加丰富。

"申"，同"伸"，伸展。"申申如"，舒展的样子。"夭夭如"，丰富繁盛的样子。("夭夭，盛貌也。")《说文解字注》解释《论语》此章，以"申"为"伸"，以"夭"为"屈"，说："上句谓其申，下句谓其屈，不屈不申之间，其斯为圣人之容乎。"我以为太哲学化了，这是以孔子为圣人而将孔子神圣化的过度解释。

7.5 子曰："甚矣吾衰也！久矣吾不复梦见周公！"

【译】

孔子说："我衰颓得多么严重啊！我很久不曾梦见周公了！"

【释】

"周公"是周代典章制度的主要制定者，是孔子最敬服的古代圣人之一。孔子长期梦想行周公之道，因而不时梦见周公；此章说不复梦见周公，是感叹自己衰颓，已无力行周公之道了。

7.6 子曰："志于道，据于德，依于仁，游于艺。"

【译】

孔子说："用心追求至高无上的道，持守因对道有所体悟而形成的德，依托于仁这种根本的价值，活动于六艺的范围之中。"

【释】

德者，得也。悟道有得，就叫德。本章孔子讲一个人如何把自己塑造为一个理想的人。对道要始终用心追求，对德要据守不失，对仁要依托不违，而活动范围则要尽量放在既能应对具体事务又能陶冶情操的六艺之中。

7.7 子曰："自行束脩以上，吾未尝无诲焉。"

【译】

孔子说："只要主动准备一束干肉送给我，我不曾不教导。"

【释】

本章有两层意思：第一，道无可吝，谁都可以来接受教育，不须分出地域、阶层等；第二，若欲求教，须具师生之礼，具礼而来，方见有求教之心。

"束脩"，十条干肉。"脩"是干肉，十条为一束。一说"束脩"是束带修饰，指年龄达到十五岁；若采此说，则"自行"二字不太好解释，故以前说为妥。

7.8 子曰："不愤不启，不悱不发。举一隅不以三隅反，则不复也。"

【译】

孔子说："教导学生，不到他想弄明白而不得的时候，不去开导他；不到他有所思考却说不明白的时候，不去启发他。给他举出一个例子，他却不能由此而以同类的三个例子作出回应（则说明他未能进入学习和思考的状态），这时就不必再教他了。"

【释】

本章讲教学的时机。"愤"是渴望求知的心理状态，"悱"是思考未明的心理状态。屋有四隅，彼此同类，故"举一隅而知三隅"是容易的；"举一隅不以三隅反"，则说明学生并未达到积极思考的"愤悱"的状态。这表明学生比较被动和麻木，教学时机未到，再教就是不合适的了，即使教也会劳而无功。

7.9 子食于有丧者之侧，未尝饱也。

【译】

孔子在有丧事的人的身旁吃饭，不曾吃饱过。

【释】

本章讲孔子有恻隐之心。不顾身边有人哀戚，只顾自己满足口腹之欲，这是不恰当的。

7.10 子于是日哭，则不歌。

【译】

孔子在这一天哭过，就不会唱歌。

【释】

"是日"，此日，指吊丧之日。一日之内，哭而后歌，则反证此前之哭并不用心，表达的悲哀并不真诚。

7.11 子谓颜渊曰："用之则行，舍之则藏，惟我与尔有是夫！"子路曰："子行三军，则谁与？"子曰："暴虎冯河，死而无悔者，吾不与也。必也临事而惧，好谋而成者也。"

【译】

孔子对颜渊说："被任用，就行动起来；不被任用，就隐藏起来。只有我同你能这样吧！"

子路说："如果您行三军之事，那么会同谁一起共事？"孔子说："徒手搏虎，一味勇猛；徒步涉河，不动脑筋——这种莽撞无谋而死了都不后悔的人，我不会跟他一起共事。跟我一起共事的，一定是面临事情就敬畏谨慎，善于谋事并能做成事情的人。"

【释】

孔子跟颜渊和跟子路的对话，应是在不同场景中讲的。跟颜渊的讲话，是讲识时务，是"用舍行藏"的智慧；跟子路的对话，则是讲勇敢必须兼有谨慎和谋略的道理。

"谁与""不与"的"与"，是动词，偕同。"暴虎"，徒手搏虎。"冯河"，徒步涉河。

7.12 子曰："富而可求也，虽执鞭之士，吾亦为之。如不可求，从吾所好。"

【译】

孔子说："如果发财因其正当而可以去追求，那么，即使是给人执鞭这样的下等差事，我也要去做。如果发财因不正当而不能追求，那我就不会追求发财，而会顺从我自己的爱好去做事。"

【释】

"不义而富且贵，于我如浮云"，孔子是把富贵与正义联系在一起思考的。他不反对发财，但反对不义而发财。根据文意，译文有所添加。

7.13 子之所慎：齐，战，疾。

【译】

孔子所慎重的事：斋戒，战争，疾病。

"齐"同"斋"，斋戒。斋戒跟祭祀相关，祭祀涉及礼法。从国家层面上来说，"斋"关系到政权的传承与合法性，"战"关系到国家的存亡安危；从个人层面来说，"斋"关系到礼法教化，"战"与"疾"关系到个人的生死。这些都是大事，不可不慎。

7.14 子在齐闻《韶》，三月不知肉味，曰："不图为乐之至于斯也！"

【译】

孔子在齐国听到《韶》乐，三个月不曾吃肉，他说："想不到欣赏音乐的愉悦能达到这样的程度！"

【释】

"三月不知肉味"，字面意思是三个月中不能识别出肉的滋味。吃肉而不知肉味，除非失去了味觉。"三月不知肉味"的真实意思，不是三个月无法辨认肉的味道，而是三个月之中不曾吃肉——他沉浸在音乐的快乐中，全然忘却了口腹之欲的满足。几个月可以不吃肉，这让孔子自己都觉得惊讶，所以他说"不图为乐之至于斯也"。

7.15 冉有曰："夫子为卫君乎？"子贡曰："诺，吾将问之。"入，曰："伯夷、叔齐何人也？"曰："古之贤人也。"曰："怨乎？"曰："求仁而得仁，又何怨？"
出，曰："夫子不为也。"

【译】

冉有说："老师会帮助卫君吗？"子贡说："好，我将去问他。"

子贡进去问孔子，说："伯夷、叔齐是什么样的人？"孔子说："古代的贤人。"子贡说："他们两人互相推让，都不肯做孤竹国的国君，后来会不会有怨恨呢？"孔子说："他们求仁就得到了仁，又怨恨什么呢？"

子贡走出来对冉有说："老师不会帮助卫君。"

【释】

伯夷、叔齐两兄弟互相推让，最终都放弃了孤竹国的君位，这是一个著名的故事，为孔子及其弟子所熟知。子贡以此来探求孔子会不会"为卫君"，这是一种迂回的策略。通过这段对话可以推测，卫国发生了君位之争，冉有和子贡有可能已经卷入或准备卷入这场纷争。孔子认同伯夷、叔齐的谦让，这个回答意味着他不会卷入这场纷争。"为"，做，帮助。

7.16 子曰："饭疏食，饮水，曲肱而枕之，乐亦在其中矣。不义而富且贵，于我如浮云。"

【译】

孔子说："吃粗陋食物，喝清水，弯着胳膊当枕头，不用怀着对'不义'的忧惧，愉悦也就在心中了。用不正当的手段获得富贵，对于我来说就像是天上的浮云一样。"

【释】

为语意前后衔接，译文有所增补。若无增补，则"饭疏食，饮水，曲肱而枕之，乐亦在其中矣"就比较费解。"饭疏食，饮水，曲肱而枕之”，这是贫贱者的生活，而贫贱并不构成快乐的原因，所以根据下文做了增补，说明为何“乐亦在其中矣”。联系“不义而富且贵，于我如浮云”可知，之所以能虽贫贱而快乐，是因为避免了“不义”而内心坦然，没有愧疚不安。“疏食”，粗食。

7.17 子曰："加我数年，五十以学《易》，可以无大过矣。"

【译】

孔子说："我再加上几年，到五十岁时学习《易》，就能够没有大过错了。"

【释】

"易"，《易经》。卦辞和爻辞作于孔子之前，据说孔子晚年好《易》，读之韦编三绝，又赞《易》，作《十翼》。《易》是穷理尽命之书，而孔子说"五十而知天命"，以知命之年读尽命之书，则"可以无大过"。或说本章作"加我数年，五十以学，亦可以无大过矣"，因"五十以学"并不符合孔子之人生事实，故此说于义未安。

7.18 子所雅言：《诗》《书》、执礼，皆雅言也。

【译】

孔子致力于讲雅言的场合是：读《诗》读《书》，行礼司仪，都用雅言。

【释】

"所"，本义是伐木声。伐木则斧斤有固定落点，故引申为处所，这里指致力于某处。《康熙字典》举"君子所其无逸"为例，说"所"是关西方言，意思是致力于一事。而周王朝的京畿之地在关西地区，"雅言"正是以关西语音为标准音的周王朝的官话。"执礼"，行礼。行礼时有人在旁司仪，因此需"雅言"。

7.19叶公问孔子于子路，子路不对。子曰："女奚不曰，其为人也，发愤忘食，乐以忘忧，不知老之将至云尔。"

【译】

叶公向子路打听孔子其人如何，子路不回答。孔子对子路说："你怎么不这样说：他为人是这样的——当他想要有所作为的时候，就会发起决心而忘记了吃饭；当他愉悦的时候，就会沉浸在愉悦之中而忘记了忧愁。他的人生一直处于这种状态，他不理会衰老即将到来。"

【释】

本章是孔子自述其坦荡纯一的生命状态。该"愤"的时候就"愤"，该"乐"的时候就"乐"，"愤"与"乐"互不干扰，专注不染，这就是坦荡纯一。

7.20 子曰："我非生而知之者，好古，敏以求之者也。"

【译】

孔子说："我不是生来就懂得什么的人，而是爱好古代文化，勤勉地求知的人。"

【释】

本章是孔子自述其为人，以说明学习须好学、勤奋的道理。"敏"，疾，迅捷，引申为勤勉。勤勉必定是迅捷的，不拖沓、不懒散。

7.21 子不语怪、力、乱、神。

【译】

孔子不谈论怪异、暴力、叛乱和鬼神。

【释】

本章是说，孔子对不可知的认识领域（"怪""神"）和具有破坏性的社会现象（"力""乱"）不主动谈论，采取回避态度。谈论前者不会有结果，谈论后者缺乏建设性，因此孔子对这些话题有所回避。

7.22 子曰："三人行，必有我师焉。择其善者而从之，其不善者而改之。"

【译】

孔子说："三个人同行，其中必定有我所能学习的。选择那些好的部分来追随，对照那些不好的部分来改掉自己的类似缺点。"

【释】

"师"不是指老师这个身份，而是指学习这件事。孔子不仅以善者为师，而且以不善者为师，如此看来，学习可以无处不在。

7.23 子曰："天生德于予，桓魋其如予何？"

【译】

孔子说："上天赋予我合于天道之德，桓魋难道能把我怎样？"

【释】

一个人若真正被上天眷顾，则无人能违反天意去陷害他。据《史记·孔子世家》记载，桓魋欲杀孔子，孔子故有此言。

7.24 子曰："二三子以我为隐乎？吾无隐乎尔。吾无行而不与二三子者，是丘也。"

【译】

孔子说："你们几位认为我会有所隐瞒吗？我对你们没有隐瞒。我没有什么行动不能让你们参与，这就是我的为人。"

【释】

本章是孔子自述其光明磊落，凡有所行，皆无隐瞒。"与"，参与。孔子说他的行事弟子们均可参与，意思是弟子们都可以亲自了解，亲自"观其行"。

7.25 子以四教：文，行，忠，信。

【译】

孔子用四种内容教育弟子：文献知识，生活实践，尽心办事，信实待人。

【释】

本章是说，孔子的教导主要包括关键能力和必备品格这两个方面的四个要点。"文"是间接知识，"行"是直接经验；概而言之，"文"与"行"是关键能力。后二者"忠"与"信"，则是必备品格（"主忠信"）。

7.26 子曰："圣人，吾不得而见之矣；得见君子者，斯可矣。"
子曰："善人，吾不得而见之矣；得见有恒者，斯可矣。亡而为有，虚而为盈，约而为泰，难乎有恒矣。"

【译】

孔子说："圣人，我不能够见到了；能见到君子，这就可以了。"

孔子又说："善人，我不能够见到了；能看见恒常地追求善的人，就可以了。无，会往有的方向转变；空虚，会往充足的方向转变；约束，会往宽松的方向转变——朝着相反方向变化是事物固有的趋势，因此对善保持恒常的追求是困难的。"

【释】

孔子认为，最高境界很难抵达；持续地向善向上，已经是难能可贵的了。

"恒"，常。"泰"，大，宽裕，是"约"的反义词。我对"亡而为有，虚而为盈，约而为泰"的翻译不同于前人，根据语意连贯性来看，孔子是以此来说明"难乎有恒"的原因；而"有恒"是指恒常不变地追求善，则孔子讲"亡而为有，虚而为盈，约而为泰"，意思是说由于事物运动的辩证性，要恒常坚持对善的追求是艰难的。

7.27 子钓而不纲，弋不射宿。

【译】

孔子钓鱼，但不用大网捕鱼；射鸟，但不射栖宿的鸟。

【释】

本章的意思其实就是"取之有道"。人需要食物，所以钓与射是难免的。"钓而不纲",是说孔子不贪,不做一网打尽这种不留余地的事情;"弋不射宿",是说孔子不忍,他不忍心射杀栖宿时已经安息、无力飞逃的鸟。不贪不忍,都有惜生的仁心。"弋",缴射,即用系有生丝之矢射飞禽。

7.28 子曰:"盖有不知而作之者,我无是也。多闻,择其善者而从之,多见而识之,知之次也。"

【译】

孔子说:"可能存在着在人们无所了解的领域却能有所创造的智慧,我没有这种高等智慧。多听,选择其中好的见解来听从;多看,对所看到的现象加以分辨——这是次一等的智慧。"

【释】

本章意思,可与孔子所说的"生而知之者,上也;学而知之者,次也"相互发明。"不知而作之",就属于"生而知之者",是最高等智慧。"多闻,择其善者而从之,多见而识之",这就是"学而知之",是次等智慧。孔子认为学习极其重要,他自己也属于"学而知之"。

7.29 互乡难与言,童子见,门人惑。子曰:"与其进也,不与其退也,唯何甚?人洁己以进,与其洁也,不保其往也。"

【译】

互乡的人难于同他们直接讲道理,此地一个童子得到孔子接见,弟子们对此感到困惑。孔子说:"我认同他的进步,不认同他的退步,何必做得太过分?一个人洁身自好以求进步,我认同他的自洁，不对他的过往负责。"

【释】

本章可见孔子的"诲人不倦"，也可看出孔子以发展的观点，建设性地看待他人的态度。

"言"，根据《说文》"直言曰言，论难曰语"，"言"就是直接讲出自己想要说的话，所以此处译为"直接讲道理"。"互乡"，地名。"保"，唐兰说"负子于背谓之保，引申之，则负之者为保"，则"保"有担负、负责之意。

7.30 子曰："仁远乎哉？我欲仁，斯仁至矣。"

【译】

孔子说："仁是遥远的吗？我想要仁，仁就会到来。"

【释】

仁作为道德情感根植于固有的人性，在这个意义上说，仁不远也不难。也正因如此，发心去实践仁，这是关键。"我欲仁，斯仁至矣"并不是说仁是起心动念就能达到的境界，而是说仁有赖于内在的道德自觉，实践仁要靠主观能动性的发挥，不是靠外界的力量。

7.31 陈司败问昭公知礼乎，孔子曰："知礼。"
孔子退。揖巫马期而进之，曰："吾闻君子不党，君子亦党乎？君取于吴，为同姓，谓之吴孟子。君而知礼，孰不知礼？"
巫马期以告。子曰："丘也幸，苟有过，人必知之。"

【译】

陈司败问鲁昭公是否懂礼，孔子说："懂礼。"

孔子退了出来。陈司败向巫马期作了个揖，让他靠近自己，说："我听说君子不偏袒，难道孔子这样的君子也会偏袒？鲁昭公从吴国娶来夫人，而吴和鲁是同姓国家，称她为吴孟子。这样的国君若是懂得礼，谁不懂得礼？"

巫马期把这话转告孔子。孔子说："我真幸运，如果我有错误，别人一定了解。"

【释】

本章表现了孔子开阔的胸襟，展示了他在普遍的礼法与君王之非礼之间出现冲突时的处理方法。鲁国国君娶同姓，不合于礼，这是事实；但孔子作为臣民讳国家之恶，这也是符合礼的。在这种情况下，孔子陷于两难局面，他最后以自认过错来承担。

"陈司败"，人名。"巫马期"，孔子弟子巫马施。"君取于吴"，"取"，娶。鲁为周公之后，吴为太伯之后，都是姬姓。"同姓不婚"是周代的礼法，鲁君违背了这一礼法。

7.32 子与人歌而善，必使反之，而后和之。

【译】

孔子如果认同别人歌唱得好，就一定请他回头再唱，然后自己应和他。

【释】

本章表现了孔子的好学以及对音乐的爱好。"与"，认同，认为。

7.33 子曰："文莫，吾犹人也。躬行君子，则吾未之有得。"

【译】

孔子说："文献典籍的知识么，我同别人差不多。亲身实行文献典籍上的教导的君子，我却没有找到。"

【释】

本章说知易行难。杨伯峻《论语译注》指出，前人都把"文莫"两字连读，因此我这样断句。以下是我的个人看法，供参考。"文莫"并非如杨伯峻所说是一个双音词；吴检斋（承仕）先生以为"文"是一词，"莫"是一词，这是对的，但"莫"并不是吴先生所猜测的"大约"的意思，而是古代口语助词，相当于后世的"么"。这样理解，基本符合朱熹《集注》中"莫，疑辞"的说法，也能解释前人都把"文莫"两字连读的现象。

7.34 子曰："若圣与仁，则吾岂敢？抑为之不厌，诲人不倦，则可谓云尔已矣。"公西华曰："正唯弟子不能学也。"

【译】

孔子说："至于圣与仁，我岂敢当？但（向圣与仁的方向）努力去做而不满足，教导别人（向圣与仁的方向努力）不知疲倦，则是可以这样说的。"公西华说："这正是我们这些弟子不能学到的。"

【释】

"圣与仁"是至高境界，孔子谦虚地说，他不能说自己达到了这样的境界，但自己一直在为此努力，也在教导他人朝着这样的境界努力。这种努力，要做到保持专注不满足（"不厌"）、一直持续不懈怠（"不倦"），是非常困难的，因此公西华说"正唯弟子不能学也"。

7.35 子疾病，子路请祷。子曰："有诸？"子路对曰："有之。《诔》曰：'祷尔于上下神祇。'"子曰："丘之祷久矣。"

【译】

孔子病重，子路请求为孔子祷告。孔子说："有这种做法吗？"子路回答说："有的。《诔文》说过：'为你向天地神祇祷告。'"孔子说："我早就祷告过了，你不必祷告。"

【释】

本章是孔子反对子路祈祷。"病"，疾甚为病。《说文》："病，疾加也。""祷"，谢过于鬼神。《诔》，祈祷之书。"丘之祷久矣"，孔子对鬼神是敬而远之的（6.22），"神"也属于"不语"（7.21）的范畴，他只是顺着子路的话这样说，是在含蓄地提醒子路不必祷告，因此译文最后有所增添。

7.36 子曰："奢则不孙，俭则固。与其不孙也，宁固。"

【译】

孔子说："无所节制惯了，就不会恭顺；自我约束惯了，就会显得鄙陋。与其不恭顺，宁可鄙陋。"

【释】

无所节制惯了，就会使得放纵不羁成为习惯，变得不谦逊；自我约束，缩手缩脚惯了，就会使得人的行为不敢张扬，显得鄙陋。孔子认为，不恭顺给人带来的风险，远高于鄙陋。"奢"，侈靡放纵。不仅包括当今所谓奢侈（物质享乐方面的放纵），凡过分、过多、无所节制，皆是"奢"。"俭"，约，节制。

7.37 子曰："君子坦荡荡，小人长戚戚。"

【译】

孔子说："君子内心坦然宽广，小人总是狭隘郁闷。"

【释】

君子遵循天理，所以内心舒泰，如同天地自然安坦；小人内心多有欲求而放不下，故经常纠结郁闷。

"戚戚"多被解释为忧愁，但这样解释跟"坦荡荡"未能形成贴切的语义对比关系。《论语后案》以为"戚戚"就是"蹙蹙"，是形容缩小的样子。《说文》无"蹙"字，凡经典"戚"与"蹙"解释为"忧"的，都以"慽"为正字；解释为"迫促"的，则以"戚"为正字。此处的"戚戚"当训"迫缩"，进一步解释为"狭隘郁闷"，与"坦荡荡"形成语义的对比。

7.38 子温而厉，威而不猛，恭而安。

【译】

孔子温和却又严厉，威严却不凶暴，恭肃却又安详。

【释】

这是描述孔子阴阳合德、全体浑然的中庸神态，中和之气见于容貌之间。就一般情形来讲，温和则易流于软弱，威严则易流于凶猛，恭肃则易流于拘谨。孔子避免了这些毛病。"猛"，《说文》解释为"健犬"，犬性喜吠，故"猛"有力量外泄、凶暴的含义。

8.1 子曰："泰伯，其可谓至德也已矣。三以天下让，民无得而称焉。"

【译】

孔子说："泰伯，大概可以说具备最高程度的德了。他屡次把天下让给兄弟，人们找不到什么来称赞他。"

【释】

至德通常隐蔽不彰，正如大道无言一样。

"泰伯"亦作"太伯"，周太王古公亶父之长子，故号泰伯。古公有剪除殷商之志而长子泰伯不从，于是打破惯例，不把君位传给泰伯而传给幼子季历（周文王的父亲）。泰伯为不违父亲的意愿，便主动出走至勾吴。据传说，太王有疾，泰伯借口采药，远走吴越而不返，由其弟季历主丧，是一让；太王辞世，季历派人赴告泰伯，泰伯不来奔丧，是二让；太王丧期之后，泰伯断发文身，是三让。王位的谦让通常不为外人所知（除非故作谦让姿态以获谦虚之名），且泰伯远走偏远的吴地而难为人知，所以"民无得而称焉"。

8.2 子曰："恭而无礼则劳，慎而无礼则葸，勇而无礼则乱，直而无礼则绞。君子笃于亲，则民兴于仁；故旧不遗，则民不偷。"

【译】

孔子说："肃敬而不以礼来制约，就会忧愁不安；谨慎而不以礼来制约，就会胆怯畏缩；勇敢而不以礼来制约，就会胡作非为；坦直而不以礼来制约，就会急切躁动。君子厚待自己的亲属，民众就会兴起仁爱的风气；君子不遗弃故旧之交，民众就不会不厚道地苟且待人。"

【释】

《礼记·仲尼燕居》中说"夫礼，所以制中也"，意思是"礼"是用来达成中道、避免极端的。讲求"礼"，才能有"节"、有"度"。"恭""慎""勇""直"等品质必须以"礼"来制约，才能符合中庸的准则，否则就会失度，出现"劳""葸""乱""绞"等负面情形。

"君子笃于亲"之后所讲的是君子以上率下，跟前句所讲的不是同一个话题。《论语》中这种现象多有，这是《论语》的编纂造成的——《论语》中孔子的话语是其弟子和再传弟子传承下来，在后世被整理出来的——因此孔子的话语有时不连贯，意思有跳跃。

8.3 曾子有疾，召门弟子曰："启予足！启予手！《诗》云：'战战兢兢，如临深渊，如履薄冰。'而今而后，吾知免夫！小子！"

【译】

曾参有病，召来他的弟子们，说："打开我的脚！打开我的手！《诗》说：'小心谨慎，如同身临深渊之旁，如同走在薄冰之上。'从今以后，我知道这身体就免于损伤了，弟子们！"

【释】

本章讲孝。爱惜自己，保护好自己，这是孝的一部分。曾参借用《诗经》来说明自己一生谨慎，避免损伤身体，对父母尽了孝。《孝经》载孔子曾对曾参说："身体发肤，受之父母，不敢毁伤，孝之始也。"曾子临死前要弟子们查看自己的手脚，以展示身体完整无损，做到了一生遵守孝道。

"启"，开，打开。前人对此解释不一，有的说是揭开衣服来看手脚；有的说是临死肢体僵硬，打开手脚使其舒展；有的说"启"就是"视"的意思。

8.4 曾子有疾，孟敬子问之。曾子言曰："鸟之将死，其鸣也哀；人之将死，其言也善。君子所贵乎道者三：动容貌，斯远暴慢矣；正颜色，斯近信矣；出辞气，斯远鄙倍矣。笾豆之事，则有司存。"

【译】

曾子有病，孟敬子去探问他。曾子对他说："鸟快死了，它的叫声是悲哀的；人快死了，他的话语是善意的。君子在行道方面所尊崇的有三点：变化容仪，这要远离粗暴和傲慢（容貌体态要谦恭）；端正脸色，这要近于信实（表情不做假）；说出话语，表达语气，这要避免粗野和悖理（说话文雅有理）。至于祭祀和礼仪，自有主管这些事务的去负责（不要乱插手）。"

【释】

"动容貌，斯远暴慢矣；正颜色，斯近信矣；出辞气，斯远

鄙倍矣"的译文，跟通行译本不同，请读者自行辨析。"倍"，
通"背"。

8.5 曾子曰："以能问于不能，以多问于寡；有若无，实若虚，
犯而不校——昔者吾友尝从事于斯矣。"

【译】

曾子说："具有能力却向缺乏能力的人请教，知识丰富却向
知识匮乏的人请教；有知识却像没知识，内心充实却像空无所有，
被人冒犯但不计较——从前我的同道曾致力于这个境界。"

【释】

本章是讲虚心求知，低调谦逊，大度待人，忍让不争。"校"，
计较。

8.6 曾子曰："可以托六尺之孤，可以寄百里之命，临大节而不
可夺也——君子人与？君子人也。"

【译】

曾子说："可以托付给幼小的孤儿，可以交付给国君的指令，
面临生死存亡的紧要关头却不改变动摇——这是堪称君子的那种
人吗？这是堪称君子的人。"

【释】

本章是说，君子是有担当的人。"六尺之孤"，"孤"是死
去父亲的小孩，"六尺"是指十五岁以下未成年的孩童。"百里
之命"，诸侯国国君的指令。"百里"，指诸侯国。

8.7 曾子曰："士不可以不弘毅，任重而道远。仁以为己任，不亦重乎？死而后已，不亦远乎？"

【译】

曾子说："士不可以不刚强而有决断，因为他责任重大，而求道之路漫长。把仁的实践作为自己的责任，这责任不也重大吗？求道之路直到死亡才终止，这路程不也漫长吗？"

【释】

曾子这段话易懂，是名句。杨伯峻引章太炎《广论语骈枝》说："《说文》：'弘，弓声也。'后人借'强'为之，用为'强'义。此'弘'字即今之'强'字也。《说文》：'毅，有决也。'任重须强，不强则力绌；致远须决，不决则志渝。"

"任重而道远"之"道"，不是一般的道路，而是求"道"之路。"任重而道远"，"任重"是就"仁"而言，"道远"是就"道"而言——这两方面是并行的，曾子接下来用了两个问句分别承接"仁"与"道"。所谓"死而后已"，是指对真理的追求至死方休。

8.8 子曰："兴于《诗》，立于礼，成于乐。"

【译】

孔子说："通过《诗》，获得生命的感发；借助礼，得以立身于社会；通过乐，达成愉悦的生命意境。"

【释】

本章是讲人生中学习的三个大进阶，从感性到理性，最后抵达生命的愉悦圆满。考虑到"兴""立""成"前后相续的关系，因而这样翻译。

8.9 子曰："民可使由之，不可使知之。"

【译】

孔子说："对于民众，能够使他们遵循某种路径去行动，但没法使他们懂得为什么要这样行动。"

【释】

孔子认为民众智力浅薄，他们有行动力而缺乏思考力。有人认为，对此句应作如下解释："民可，使由之；不可，使知之。"这个断句不太符合古汉语语法，亦即不符合古文表达习惯。这样断句，本句意思就变成：民众认可，就让他们照着去做；民众不认可，就向他们说明道理。这种解释不太符合孔子的思想。

8.10 子曰："好勇疾贫，乱也。人而不仁，疾之已甚，乱也。"

【译】

孔子说："一个人喜欢表现勇敢却厌恨自己贫困，就会作乱。一个人如果不仁，大家过分地厌恨他，他也会作乱。"

【释】

"疾"，病。无人喜欢病痛，故引申为厌恶、厌恨。"人而不仁，疾之已甚，乱也"，有人解释为：一个人如果不仁，他内心的厌恨到了极限，就会作乱。根据一般语法，"疾之已甚"的"之"指代"人而不仁"的"人"，更为妥当。所以我更同意朱熹《集注》的解释："恶不仁之人而使之无所容，则必致乱。"

8.11 子曰："如有周公之才之美，使骄且吝，其余不足观也已。"

【译】

孔子说："一个人具备了就像周公那样美好的才能，但假使傲慢且吝啬，那么，其他方面也就不值得一看了。"

【释】

每个人都想张扬自我，因此一个人傲慢，就会让周围的人感到压抑；人心都贪得，因此一个人吝啬，就会让周围的人觉得这个人无所助益。人们对"骄而不吝"或"吝而不骄"是可以容忍的，前者让人觉得有所得，后者让人感到无所害。"骄且吝"，无补于人且对人傲慢，则必定会招致反感。

8.12 子曰："三年学，不至于谷，不易得也。"

【译】

孔子说："三年学习，却不至于希求俸禄，这是不易做到的。"

【释】

本章的意思是，学习而无功利心是很难得的。"谷"，俸禄。古代以谷米为俸禄。"不至于谷"，不以为官得禄为念。

8.13 子曰："笃信好学，守死善道。危邦不入，乱邦不居。天下有道则见，无道则隐。邦有道，贫且贱焉，耻也；邦无道，富且贵焉，耻也。"

【译】

孔子说："忠实信实，爱好学习，守护并献身于善道。为了守护善道，不进入动荡的国家，不停留在动乱的国家。天下有道就显现才干，天下无道就隐居不出。国家有道而自己贫贱，是耻辱；国家无道而自己富贵，也是耻辱。"

【释】

本章大旨是"守死善道"。第一句之后的各句，都可认为是围绕着守护善道这一章旨来谈的。

"守死"，守卫和牺牲。"邦有道，贫且贱焉"，说明这个人缺乏本事，无能守护"善道"，这是耻辱；"邦无道，富且贵焉"，说明这个人善于投机或为人邪恶，反"善道"而行，这也是耻辱。

8.14 子曰："不在其位，不谋其政。"

【译】

孔子说："不在那个职位，就不要去谋划该由那个职位上的人处理的政务。"

【释】

孔子的意思是，从事政务不能越位。参见 14.26。

8.15 子曰："师挚之始，《关雎》之乱，洋洋乎盈耳哉！"

【译】

孔子说："太师挚所演奏的序曲，《关雎》的最后乐章，盛大得满耳都是啊！"

【释】

本章是孔子自述听音乐的感受。"始"是乐曲的开端，"乱"是乐曲的尾声。

8.16 子曰："狂而不直，侗而不愿，悾悾而不信，吾不知之矣。"

【译】

孔子说："行为激进却不正直，头脑糊涂却不谨慎，蠢笨无知却不信实，我不去了解这样的人。"

【释】

行为激进而不正直，这种人对他人具有破坏性；头脑糊涂而不谨慎，这种人做事一定会搞砸；蠢笨无知而不老实，这种人会直接危害其自身。"吾不知之矣"是说跟这些人保持距离，不打交道。

8.17 子曰："学如不及，犹恐失之。"

【译】

孔子说："学习，好像在追什么却追赶不上；就算是追赶上了，仍然害怕丢失它。"

【释】

本章是讲急切的学习态度。未学到的，生怕学不到手；已学到的，又生怕忘却。可见孔子对知识强烈的渴求和执着。

8.18 子曰："巍巍乎，舜、禹之有天下也而不与焉！"

【译】

孔子说："崇高啊，舜和禹拥有天下却不被这地位牵制！"

【释】

本章提出"有而不与"的思想。拥有什么却不被什么牵制，这是一种高度的、具有超越性的智慧。人性贪得，若无所得，便会追求；一旦求得，便会执持不舍。舜和禹突破了人性的这种普遍局限，虽贵为天下之主，却不受这天下之主的地位牵制，所以孔子赞其"巍巍"。"与"，参与，引申为关联、牵连、牵制。

8.19 子曰："大哉尧之为君也！巍巍乎！唯天为大，唯尧则之。荡荡乎，民无能名焉。巍巍乎其有成功也，焕乎其有文章！"

【译】

孔子说："尧作为君主伟大啊！崇高啊！只有天最大，只有尧能效法天。他广远啊，广远到人们没有能力用语言来描述。他建成的功绩崇高啊，他制定的礼仪制度光辉啊！"

【释】

本章孔子饱含激情赞叹尧的境界的博大。"则"，效法。尧能效法天，故其境界博大广远，乃至于无法用语言来描述，就像我们很难用语言去描述天空一样。

8.20 舜有臣五人而天下治。武王曰："予有乱臣十人。"孔子曰："才难，不其然乎！唐虞之际，于斯为盛。有妇人焉，九人而已。三分天下有其二，以服事殷。周之德，其可谓至德也已矣。"

【译】

舜有五位贤臣，天下就太平了。周武王说："我有十位治理天下的臣子。"孔子说："人能够有才是很难的，难道不是这样吗？唐尧虞舜之间以及周武王说这话的时候，人才最兴盛。而周武王十位人才之中有一位妇人（按礼不宜列为'乱臣'），除去后只有九位罢了。周文王得到天下的三分之二，仍然服从侍奉殷朝。

周的德，大概可以说是最高程度的德了。"

【释】

孔子的意思，是治天下以德不以才。人能有才是很难的，唐虞之际、周武之时，能臣其实也并不多，而天下可治。这靠的是什么呢？靠的不是稀缺的人才，而是"德"。据包咸注，"殷纣淫乱，文王为西伯而有圣德，天下归周者三分有二"，周文王仍然"服事殷"，坚持以德感召天下，这就是孔子最后为何赞叹周之"至德"。本章末尾，孔子赞叹周的"至德"而不提唐虞之际，这是因为他默认尧舜是有"至德"的。

"乱臣"是指"治国之臣"。《说文》："乱，治也。"

8.21 子曰："禹，吾无间然矣。菲饮食而致孝乎鬼神，恶衣服而致美乎黻冕，卑宫室而尽力乎沟洫。禹，吾无间然矣。"

【译】

孔子说："禹，我对他没有挑剔的了。他自己饮食菲薄，但献出来孝敬鬼神的祭品很丰盛；他自己穿的衣服粗陋，但拿出来用于祭祀的礼服礼帽很华美；他自己住的宫室很低矮，但在沟渠水利上竭尽力量。禹，我对他没有挑剔的了。"

【释】

本章是孔子讲他对禹的肯定。"间"，《说文》说"间，隙也"，也就是缝隙，引申为纰漏，这里指挑毛病。"黻冕"，祭祀时穿的礼服、礼帽。"沟洫"，农田间的沟渠。

9.1 子罕言利，与命，与仁。

【译】

孔子很少谈到利益，他认同命运，认同仁德。

【释】

"子罕言利"，是指孔子对"利"的轻视。"与"，认同，赞成。在《论语》中，孔子常常讲到"仁"，有时也讲到"命"或"天命"。

9.2 达巷党人曰："大哉孔子！博学而无所成名。"子闻之，谓门弟子曰："吾何执？执御乎？执射乎？吾执御矣。"

【译】

达巷党有人说："孔子博大啊！他广博地学习却并未成就特定的名声。"孔子听到这话，对门下的弟子们说："我要掌握什么来成就名声？驾车呢？射箭呢？我还是驾车吧。"

【释】

"达巷党"是地名。达巷党人并不真的理解孔子之博大，他们是在"艺"的层面理解孔子的。孔子因而只在"艺"的层面作出回应，暗含的意思是达巷党人并不理解孔子对"道"的追求。孔子只在"艺"的层面作出回应，而且越说越低（"御"在"艺"中是低于"射"的），这反映了孔子的幽默。

"无所成名"，不成特定之名。意思是孔子十分博学，不止在某个方面特别突出。

9.3 子曰："麻冕，礼也；今也纯，俭。吾从众。拜下，礼也；今拜乎上，泰也。虽违众，吾从下。"

【译】

孔子说："用麻布制成礼帽，这是礼的规定；现在用黑色丝绸制作，这更节制。我跟从大家这个做法。（臣见国君）在堂下礼拜，这是礼的规定；现在到堂上才礼拜，这是骄纵的表现。虽然我的想法不合大众，但我跟从在堂下礼拜的做法。"

【释】

本章表明孔子所坚持的是"礼"的精神，他并不顽固地坚持机械照搬礼的规定，也反对不恰当地改变礼的规定。"纯"，黑色的丝。麻质粗，丝质细，用丝做礼帽比用麻更容易。"俭"与"泰"是反义词，"泰"是骄纵，"俭"是节制。

9.4 子绝四：毋意，毋必，毋固，毋我。

【译】

孔子断除了四种弊病：他不主观臆断，不作绝对判断，不会顽固不化，也不以自我为中心。

【释】

这四种弊病，有所淡化容易，真正断除很难。若能断除，足可以称为圣人了。"绝"，断除。

9.5 子畏于匡，曰："文王既没，文不在兹乎？天之将丧斯文也，后死者不得与于斯文也；天之未丧斯文也，匡人其如予何？"

【译】

孔子在匡地受到威胁，他说："周文王死去以后，文化不就在我这里了吗？如果上天想要消灭这种文化，那么我这次就会死去，今后的人就不能参与到这种文化中了；如果上天没到消灭这种文化的时候，匡人又能把我怎么样呢？"

【释】

孔子认可天命，他自认为担负着上天赋予的文化传承使命。他在遭遇危险时的这种淡定从容，也表示了"生死有命"的观念。

9.6 太宰问于子贡曰："夫子圣者与？何其多能也？"子贡曰："固天纵之将圣，又多能也。"子闻之，曰："太宰知我乎？吾少也贱，故多能鄙事。君子多乎哉？不多也。"

【译】

太宰向子贡提问说："你的老师是圣人吧？为什么他具有很多擅长的技能呢？"子贡说："本来是上天要放他出来成为圣人，而且使他具有很多擅长的技能。"孔子听到后，说："太宰了解我吗？我年少时地位低贱，所以擅长做许多鄙贱的事情。君子会有这么多的技能吗？不会多。"

"太宰"，官名。孔子并未否定子贡的说法，他只针对太宰的话来说，是感慨自己早年的辛酸。"君子"，这里是指有位者。"能"，擅长（的技能）。

9.7 牢曰："子云，'吾不试，故艺'。"

【译】

牢说："孔子说过，'我不被任用为官，所以会很多技艺'。"

【释】

本章当与上一章结合起来看。孔子是慨叹自己早年为谋生而掌握了很多鄙贱的技艺。"牢"，人名。"试"，用，得到任用。

9.8 子曰："吾有知乎哉？无知也。有鄙夫问于我，空空如也。我叩其两端而竭焉。"

【译】

孔子说："我有智慧吗？我没有智慧。有浅陋之徒向我提问，我心头空荡荡的没有任何现成答案。对于一个事物，我从探求它的两端或两面开始，直到求得该事物的全部。"

【释】

表面上看，是孔子否认自己有智慧，实际上似乎是暗示获取知识的方法是近于智慧的。孔子看不起鄙夫所关注的浅薄的知识，在他看来，浅陋之徒所想要了解的知识是没有什么价值的；他也认为，获取知识的方法比具体的知识更重要。他分析问题、获取知识的基本方法，就是"叩其两端而竭"，从事物或问题的正反、表里等两个对立方面开始探索，最终求得对事物的完整理解或对问题的全部解决。这种方法，从目标上来说是求得对事物的完整认识，跟别的认识方法在目的上并无不同；但从过程上来说从对立的两端入手，可确保认识的平衡推进，避免过程中的偏颇，能更好地保证结果的正确。这种方法是符合中庸原理的。

9.9 子曰："凤鸟不至，河不出图，吾已矣夫！"

【译】

孔子说："凤鸟不来，黄河也不出现图画，我完了吧！"

【释】

本章所说比较玄奥，跟天命有关。"凤"是传说中的神鸟，祥瑞的象征，天下太平时才会出现。传说伏羲、黄帝、尧、舜、禹、汤等人受命时，黄河中有龟或龙马驮着图书出现，称为"河图"。"河不出图"，意为世无贤明之君。"吾已矣夫"字面意思是"我完了"，是一生的机会没有了，自己的使命结束了，还是仅仅表达绝望的情绪，不得而知。

9.10 子见齐衰者、冕衣裳者与瞽者，见之，虽少，必作；过之，必趋。

【译】

孔子看见穿丧服的人、穿着礼服戴着礼帽的人以及眼盲的乐师，跟他们见面，即使他们年轻，孔子也一定要站起来；从他们面前经过，一定要小步快走以表达敬意。

本章是说孔子对礼和乐的重视。"齐衰"，古代丧服。"冕衣裳者"，衣冠整齐的贵族。"瞽者"，盲人，先秦乐官由瞽者充任。

9.11 颜渊喟然叹曰："仰之弥高，钻之弥坚，瞻之在前，忽焉在后。夫子循循然善诱人，博我以文，约我以礼，欲罢不能。既竭吾才，如有所立卓尔。虽欲从之，末由也已。"

【译】

颜渊感叹说："我仰望老师，越仰望越是觉得高大；我钻研他的教导，越钻研越是觉得艰深；老师广大莫测，看着他在前面，他忽然却又在后面了。老师善于一步步地诱导我们，用文献来丰富我们，用礼节来约束我们，使我想停止学习都不可能。已经竭尽了我的才力去学习，但依然好像有一个高大的对象立在前面难以超越。虽然我想要跟上他，却没有路径啊。"

【释】

本章描述了颜渊眼中的孔子。颜渊极力推崇自己的老师，认为孔子高不可攀难以超越。他也谈到孔子的教育内容，主要是"博我以文，约我以礼"；教育方法，则是"循循善诱"。

9.12 子疾病，子路使门人为臣。病间，曰："久矣哉，由之行诈也，无臣而为有臣。吾谁欺？欺天乎？且予与其死于臣之手也，无宁死于二三子之手乎！且予纵不得大葬，予死于道路乎？"

【译】

孔子病情加重，子路派孔子的弟子担任治丧之臣。后来病情缓和，孔子说："仲由弄虚作假很久了，我不该有治丧之臣他却要安排治丧之臣。我骗谁？骗天啊？况且我与其死在治丧之臣的手中，不如死在你们这些弟子的手中。而且我即使不能获得隆重的安葬，我会死在路上没人埋吗？"

【释】

"疾病"，病重。"为臣"，按《周礼》，有小臣之职掌诸侯之丧。孔子不是诸侯，他的丧礼不能有小臣。子路是出于对孔子的敬重而这样做的，但孔子认为这不符合"礼"，因此痛责子路。

9.13 子贡曰："有美玉于斯，韫椟而藏诸，求善贾而沽诸？"子曰："沽之哉！沽之哉！我待贾者也。"

【译】

子贡说："这里有美玉，是把它收在匣子里藏起来呢，还是找识货的商人卖掉它呢？"孔子说："卖掉它吧，卖掉它吧！我正等待着商人啊。"

【释】

孔子认为，人应该去实现自身的价值，他希望自己能行其道于天下。"贾"，商人。

9.14 子欲居九夷。或曰："陋，如之何？"子曰："君子居之，何陋之有？"

【译】

孔子想住到九夷。有人说："那里闭塞落后，怎么办？"孔子说："有君子住在那里，有什么闭塞落后的？"

【释】

本章是说，人比环境更重要。一方面，人是君子，则本自不陋；另一方面，环境之陋，亦可因君子不陋而变得不陋。

9.15 子曰："吾自卫反鲁，然后乐正，雅颂各得其所。"

【译】

孔子说："我从卫国返回鲁国之后，乐才得到订正，雅乐和颂乐各自得到合理的安排。"

【释】

本章可能是说孔子整理《诗》（《诗经》）。"乐正"后面紧接"雅颂各得其所"，《诗》分"风""雅""颂"，此处提及"雅颂"，说明"乐"可能是指《诗经》之乐。

"雅颂"指的是朝廷之乐和宗庙祭祀之乐，《礼记·乐记》中有"雅颂之声"的提法，孔颖达说"雅以施正道，颂以赞成功"；本章未谈及"风"而独称"雅颂"，故也有可能不是指整理《诗》，而是指孔子为了诸侯们的政治需要而整理庙堂之乐。

9.16 子曰："出则事公卿，入则事父兄，丧事不敢不勉，不为酒困，何有于我哉？"

【译】

孔子说："出仕就侍奉公卿，在家就侍奉父兄，有丧事不敢不努力办好，不被酒所困，这对我来说有什么困难呢？"

【释】

这几项是"礼"的普遍要求，对于孔子来说是不难的。"出则事公卿，入则事父兄"，这是忠孝以事生；"丧事不敢不勉"，这是尽力以送死。"不为酒困"，是就前面的全部内容而言，无论侍奉生者，还是送走死者，都能饮酒而不致失礼。

9.17 子在川上曰："逝者如斯夫，不舍昼夜。"

【译】

孔子在河边说："一切事物的变迁就像这河水啊，昼夜不停。"

【释】

"逝"的意思是"往"，也就是走开。这句话中孔子并未说"逝者"是指流逝的时间，但诠释者通常都理解为时间。我以为"逝者"是泛指包括时间在内的一切事物和现象的变迁，苏轼《赤壁赋》"逝者如斯，而未尝往也；盈虚者如彼，而卒莫消长也"中的"逝者"，也不单指时间。

9.18 子曰："吾未见好德如好色者也。"

【译】

孔子说："我没有见过喜欢美德的程度赶得上喜欢美色那种程度的人。"

【释】

这是孔子对人性的观察。在孔子看来，人的自然本能具有强大的力量，这种力量足以压倒人通过文明教化发展出来的美德。

也正因为如此，修德讲学才是重要而紧迫的事。

9.19 子曰："譬如为山，未成一篑，止，吾止也。譬如平地，虽覆一篑，进，吾往也。"

【译】

孔子说："比如用土堆山，只差一筐土就成山了，这时停下来，是我自己要停下来。比如在平地堆山，虽然只倒下一筐土，这时继续往前推进，是我自己要推进的。"

【释】

本章是讲事情的失败与成功往往取决于主观意志的发挥。孔子用堆土成山的比喻，说明功亏一篑或持之以恒，都取决于各自的心志。

此处"平地"的意思跟今天区别不大，《左传》就有"平地尺为大雪"之例。或解释"平地"为填平凹坑，平整地面，也通，但跟上文所说的就不是一回事，而分别是堆山和填坑两回事。我觉得此处把"平地"理解为"平地为山"（"为山"二字根据语境承前省）更好，前后两种态度的关联对比更鲜明。

9.20 子曰："语之而不惰者，其回也与！"

【译】

孔子说："我对他讲话而他不会散漫懈怠，大概只有颜回吧！"

【释】

本章是说，听孔子教导而能始终保持专注振作的，只有颜回。"惰"，《说文》解释为"不敬"，又解释"敬"为"肃"，即持事振敬。"不惰"，就是不散漫不懈怠。

古代也有人认为，"不惰"是指孔子"不惰于与颜回语"，这种解释从句法上来说也可成立，但若说孔子只是不倦于跟颜回讲话，则不太符合孔子"诲人不倦"的自述。

9.21 子谓颜渊，曰："惜乎！吾见其进也，未见其止也。"

【译】

孔子提到颜渊，说："心痛啊！我只看见他的进步，从未看见他的停止。"

【释】

本章是孔子赞叹颜回的进步是从无止息的进步，是真正的"不断进步"。这是很难的，因为几乎所有人都有图安闲而致懈怠的时候。"惜"，痛，心痛。"惜乎"，是心痛颜回死了。

9.22 子曰："苗而不秀者有矣夫！秀而不实者有矣夫！"

【译】

孔子说："长出了苗却不能吐穗扬花的情况，这是有的啊！吐穗扬花却不能结出果实的情况，这是有的啊！"

【释】

世事无常，中道崩殂、无果而终的现象，其实并不罕见。

可能由于前两章讲的是颜回，汉唐人大多以为孔子这话是感叹颜回短命。此说也可通。颜回可谓"秀而不实"，孔子由此进一步想到"苗而不秀"的现象，以此感慨人各有命，生命无常。"秀"，禾黍吐穗开花。"实"，禾黍结成谷实。

9.23 子曰："后生可畏，焉知来者之不如今也？四十、五十而无闻焉，斯亦不足畏也已。"

【译】

孔子说："年轻人值得敬畏，怎么知道将来就赶不上现在呢？一个人四五十岁还没有声望，就不值得敬畏了。"

【释】

孔子以发展的眼光看人，他相信未来是可塑的，年轻人的潜力是巨大的；而当一个人到了中老年仍无所建树，他就不值得被人敬畏，因为他已经不太可能有什么重大建树了。

9.24 子曰："法语之言能无从乎？改之为贵。巽与之言能无说乎？绎之为贵。说而不绎，从而不改，吾末如之何也已矣。"

【译】

孔子说："符合法度的言论谁能不听从呢？但根据这样的言论来改正自己的错误才是可贵的。恭顺和赞同的话谁能听了不舒心呢？但推究这些话是否合理才是可贵的。只是觉得舒心却不去分析，只是表示听从却不去改正，我对这种人无可奈何。"

【释】

知易而行难，喜欢被认同，这都是人之常情。能根据正确的观点改正自己的缺点，能分辨顺耳之言的是非真伪，是不容易做到但应努力做到的。"巽"，顺。"与"，认同，赞同。"绎"，寻绎，推究。

9.25 子曰："主忠信，毋友不如己者，过则勿惮改。"

【释】

已见《学而第一》（1.8）。

9.26 子曰："三军可夺帅也，匹夫不可夺志也。"

【译】

孔子说："即使三军可以失去主帅，一个人也不可以失去志向。"

【释】

"志"，就是人的志向、志气、本心。本章孔子讲"志"对于一个人的重要性。军队不可失去主帅，失去主帅就无所统御，非常危险；尽管如此，在孔子看来，这种危险性也比不上"匹夫夺志"。对于军队而言，"三军夺帅"是危险的；对于个体而言，"匹夫夺志"却是毁灭性的。

9.27 子曰："衣敝缊袍与衣狐貉者立，而不耻者，其由也与？'不忮不求，何用不臧？'"子路终身诵之。子曰："是道也，何足以臧？"

【译】

孔子说："穿着破败的旧絮袍子同穿着狐貉皮袍的人站在一起，却不觉得羞愧的，大概只有仲由吧。'不嫉妒，不贪求，怎能不是美善的呢？'"子路听后就一直自己吟诵这诗句。孔子又说："这是'道'当然的要求，哪里值得颂扬呢？"

【释】

孔子的意思是说，子路贫穷但不贪求富贵，对富人不嫉妒，能坦然跟富人站在一起，这种自在的心态是很好的。但子路以此自得（念叨《诗经》"不忮不求，何用不臧"的诗句，可见其自得），孔子就转而说这是理所当然的，告诫子路不要骄傲。"臧"，善。用作动词则可解释为称许、颂扬。

9.28 子曰："岁寒，然后知松柏之后凋也。"

【译】

孔子说："年岁到了寒冷时节，然后知道松柏最后才会部分地衰落。"

【释】

本章是说自然现象。移于人事，则可指人的骨气与内在生命力如何，端看能否经受住、在何种程度上经受住外部环境的严峻考验。《说文》释"凋"为"半伤"，不是全伤，亦即部分地衰落。

9.29 子曰："知者不惑，仁者不忧，勇者不惧。"

【译】

孔子说："智者不会迷惑，仁者不会忧虑，勇者不会畏惧。"

【释】

本章浅显易懂。《礼记·中庸》中提出，"知、仁、勇"，是"达德"，是人类常行不变的美德。在《论语》中，孔子暗示了仁与智的一体（6.26），也讲到了勇与仁的一体（"仁者必有勇"，见14.4），可见"知、仁、勇"三个方面在具体的人那里不是分离的，只是侧重点有所不同。

9.30 子曰："可与共学，未可与适道；可与适道，未可与立；可与立，未可与权。"

【译】

孔子说："能够一起共同学习的人，未必能跟他一起追求道；能够一起追求道的人，未必能跟他一起做成事；能够一起做成事的人，未必能跟他一起谋划应变之方。"

【释】

有的人可以学习普通的知识，但未必有能力追求大道；有的人能够追求大道，但未必有能力办成实事；有的人能够办成实事，但未必具有权衡变通的才智。

9.31 "唐棣之华，偏其反而。岂不尔思？室是远而。"子曰："未之思也，夫何远之有？"

【译】

"唐棣的花朵，倾斜着摇摆往返。我难道不想念你？但你家距离太远。"孔子说："这并未真的想念对方。如果真的想念，哪有什么遥远？"

【释】

本章意思是事在人为。孔子说，发心要诚，人真想做什么就应认真去做，而不要找借口。"唐棣之华"四句是逸诗，"偏"，不正，倾斜。"反"，返。"而"，助词。

10.1 孔子于乡党，恂恂如也，似不能言者。其在宗庙、朝廷，便便言，唯谨尔。

【译】

孔子在本乡本土，显得温和恭顺，像一个不擅长说话的人。他在宗庙、朝廷却能顺畅流利地说话，只是说得谨慎罢了。

【释】

孔子是一位智者。他另一段话（15.8）为本处提供了答案："可与言而不与之言，失人；不可与言而与之言，失言。知者不失人，亦不失言。"乡党的普通人并不理解高深的东西，多说无益，但跟本乡本土的人相处融洽是必要的；宗庙和朝廷正是表达观点发挥才智的地方，所以要善于表达，但那样的场合必须出言谨慎。

以下四章谈及在朝廷或外交场合的神情表现，文句中未明确说是孔子。但根据本章，大致可推断出是在描述孔子。

10.2朝，与下大夫言，侃侃如也；与上大夫言，訚訚如也。君在，踧踖如也，与与如也。

【译】

在上朝的时候，同下大夫一起说话，是温和而快乐的样子；同上大夫一起说话，是温和而严正的样子。国君在场，神情是犹豫不安的样子，走路则是沉稳安详的样子。

【释】

孔子在朝廷，跟官位较低的人说话，态度温和；跟官位较高的人说话，态度温和而坦率严肃。国君在场，他以神情不安表示恭敬，走路安详则表示内心并无惊慌。

"侃侃"，和乐的样子。"訚訚"，和乐而严正的样子。《说文》："訚，和悦而诤也。""踧踖"，犹豫不安的样子。"与与"，徐徐，安详的样子。本章的四个"如"，都是形容词词尾"然"，表示状态。

10.3君召使摈，色勃如也，足躩如也。揖所与立，左右手，衣前后襜如也。趋进，翼如也；宾退，必复命曰："宾不顾矣。"

【译】

国君召孔子去接待贵宾，孔子脸色迅即庄重起来，脚步也快了起来。他向跟他站在一起接待宾客的人作揖，手向左或向右行礼，衣服前后摆动整齐有序。他快步前行迎接宾客，像鸟儿展翅滑行一样姿态平稳端正；宾客离开后，必定回报国君说："客人已经办完事离开了。"

本章是说孔子在为国君接待宾客时的情形，包括对君主、对同僚、对宾客三个方面。他得国君之命，则神情庄重，行动迅速；对同事行礼，礼数周到，动作稳重；迎接来宾时忙而不乱，送走来宾后必有复命，做事善始善终。"摈"，傧，引导宾客之人。"勃"，盛。"躩"，不暇闲步，快走。"襜"，整齐有序之貌。"不顾"，不回头，表示已经没有未办完的事，离开了。

10.4 入公门，鞠躬如也，如不容。立不中门，行不履阈。
过位，色勃如也，足躩如也，其言似不足者。摄齐升堂，鞠躬如也，屏气似不息者。
出，降一等，逞颜色，怡怡如也。没阶，趋进，翼如也。复其位，踧踖如也。

【译】

孔子走进鲁国国君朝堂的大门，是谨慎恭敬的样子，好像没有他的容身之地。站，他不站在门的中间；走，不踩门槛。

经过国君座位，他脸色立刻变得庄重，脚步加快，说话也好像力气不够一样。提起衣服下摆向堂上走，表现出恭敬谨慎的样子，憋住气好像不呼吸一样。

走出朝堂，走下一级台阶，脸色便舒展开了，怡然自得的样子。走完了台阶，向前快走，像鸟儿展翅一样轻松平稳。他回到自己在朝堂上的位置，就又表现出犹豫不安的样子。

【释】

本章描述孔子在鲁国朝堂的神情举止。"阈"，门槛。"齐"，衣之下摆。

乡党第十有多处提及孔子在朝堂上的神情等表现，这些都是基于"礼"的需要，并不是孔子在国君面前卑躬屈膝。我们应注意到孔子"以道事君"的主张，以及"道不行，乘桴浮于海"等处暗含着的对政治昏暗"不服从""不合作"的思想，如此才能正确认识孔子在朝堂上的这些表现。

10.5 执圭，鞠躬如也，如不胜。上如揖，下如授。勃如战色，足蹜蹜如有循。

享礼，有容色。

私觌，愉愉如也。

【译】

（出使诸侯国，行聘问礼时）拿着圭，恭敬谨慎，好像是举不起来的样子。向上举时，好像在作揖；往下放时，好像在交东西给别人。脸色庄重得像在战栗，步子小而快，好像沿着规定的线路。

（行聘问礼后）在举行进献礼物的仪式时，脸色宽和。

私下会见外国君臣的时候，是轻松愉快的样子。

【释】

本章可能是描述孔子在出使外国时的神情举止。"圭"，一种玉制礼器。"胜"，能承受、能担负。"战色"，战栗的神色。"蹜蹜"，脚步小而快的样子。"觌"，相见。

10.6君子不以绀緅饰，红紫不以为亵服。

当暑，袗絺绤，必表而出之。

缁衣，羔裘；素衣，麑裘；黄衣，狐裘。

亵裘长，短右袂。

必有寝衣，长一身有半。

狐貉之厚以居。

去丧，无所不佩。

非帷裳，必杀之。

羔裘玄冠不以吊。

吉月，必朝服而朝。

【译】

君子衣服不用深青透红或黑中透红的布镶边，不用红色或紫色的布做平常居家的衣服。

夏天穿或粗或细的葛布单衣，但一定要在外面套上罩衣再出门。

黑色的罩衣，配黑色的羔羊皮袍；白色的罩衣，配白色的鹿皮袍；黄色的罩衣，配黄色的狐皮袍。

在家穿的皮袍做得比较长，右边的袖子做得比较短。

睡觉一定要有睡被，长度一身半。

用狐貉的厚毛皮来做坐垫。

丧期期满之后，可佩带任何装饰品。

如果不是整幅布匹做成的朝祭礼服的下裙，就一定要有所剪裁。

不穿黑色的羔羊皮袍和戴黑色的帽子去吊丧。

每月初一，一定要穿着上朝用的礼服去朝拜国君。

【释】

本章和以下若干章，大概是孔门弟子所关注的一些日常饮食起居等方面的"礼"的规范。本篇的许多章都未出现"子"或"子曰"，未必是孔子所说的话，也未必是孔子起居饮食行为的记录。

本章讲有位君子的衣饰。"饰"，衣服领袖的绲边。"表"，裼衣，罩衣。"寝衣"，被子。古代大被叫"衾"，小被叫"被"。"帷裳"，上朝和祭祀时穿的礼服，用整幅布做，不加剪裁。"杀"，减少，裁去。"吉月"，月朔，每月初一。

10.7 齐，必有明衣，布。齐，必变食，居必迁坐。

【译】

斋戒，沐浴时一定要有浴衣，浴衣用布做。斋戒，一定要改变平常的饮食，住处一定要搬移平时所住的地方（卧室）。

【释】

本章讲斋戒时的起居规矩。"齐"，斋。"明衣"，干净的浴衣。"迁坐"，斋戒时迁宿于斋室。

10.8 食不厌精，脍不厌细。

食饐而餲，鱼馁而肉败，不食。色恶，不食；臭恶，不食。失饪，不食。不时，不食。割不正，不食。不得其酱，不食。

肉虽多，不使胜食气。唯酒无量，不及乱。

沽酒市脯不食。

不撤姜食，不多食。

【译】

饭食，吃精米不吃得太饱；肉食，切得细的肉也不吃得太饱。

饭食霉烂发臭，鱼和肉腐朽溃烂，都不吃。食物颜色坏了，不吃；气味坏了，也不吃。烹调不当（没煮熟或煮煳了），不吃。不到该进食的时候，不吃。不按正确方法切割的肉，不吃。没有相应的调味品，不吃。

肉虽然多，但不能让肉的数量超过饭食影响消化。只有酒没有限量，但不应达到喝醉而神志昏乱的程度。

买来的酒和买来的肉干不吃。

吃饭不撤除姜，但不多吃。

【释】

本章讲饮食方面的讲究。出于卫生考虑，主要讲了几点。一是好吃的也不能吃得太饱，二是腐败的食物不能吃，三是进食要有恰当的时间节奏，四是食材与调味品要卫生，五是吃肉喝酒要有限度，六是外来的酒肉可能不卫生，七是姜有益于消化系统但不宜多食。这些讲究到今天仍然是有效的。

"厌"，即"餍"，饱足，满足。"精"，善米，精米。"馈"和"餲"，是指饮食经久而腐臭。

10.9 祭于公，不宿肉。祭肉不出三日；出三日，不食之矣。

【译】

在国君那里参加祭祀典礼，不把分到的祭肉留到次日处理。存放的祭肉不超过三天；超过三天，就不吃了。

【释】

本章仍然是讲饮食卫生。国君祭祀须用祭肉，祭肉当天宰杀用于祭祀，次日再次祭祀继续用，祭祀后国君会把祭肉颁赐给大夫、士等助祭者，让他们带回去。助祭者可自己享用，也可分赐他人。此时祭肉已有两日，再留一宿则容易变质。肉经三日，既腐败不可食，且亵渎神灵（延迟分享鬼神之福），故"祭肉不出三日"。

10.10 食不语，寝不言。

【译】

吃饭的时候不交谈，睡觉的时候不说话。

【释】

本章也是以卫生健康为话题。交谈会影响吃饭，说话会妨碍睡眠。

10.11 虽疏食菜羹，瓜祭，必齐如也。

【译】

即使吃粗糙的食物喝蔬菜汤，也一定要行祭礼，一定要像斋戒那样严肃恭敬。

【释】

杨伯峻说，这种"祭"是食前将席上各种食品拿出少许，放在食器之间，祭最初发明饮食的人。这种仪式的立意极好，进食之前宜有感恩之心。"瓜"，《鲁论》作"必"，"必"才可解。

10.12 席不正，不坐。

【译】

座席布设得不正当，不坐。

【释】

本章是讲"礼"。"席不正"，是座席的布设不合礼制。自己摆设座席不合礼制，是自己违礼；他人为自己摆设的座席不合礼制，则是他人失礼。

10.13 乡人饮酒，杖者出，斯出矣。

【译】

乡里人饮酒礼结束后，要等拄着拐杖的老年人出去了，自己这才出去。

【释】

本章是讲"礼"，表现尊老的思想。

10.14 乡人傩，朝服而立于阼阶。

【译】

乡里人举行迎神驱鬼的仪式时，孔子穿着朝服站在东边的台阶上。

【释】

"傩"，迎神驱逐疫鬼的仪式。"阼阶"，东面的台阶，主人所立之地。根据《论语》其他篇章中孔子对鬼神的态度，孔子对"傩"大概是保持距离的，孔安国认为这样做是因为"恐惊先祖"，这是有道理的。

10.15 问人于他邦，再拜而送之。

【译】

拜托使者问讯身在其他诸侯国的人，应向受托者拜两次送行。

【释】

本章说托人办事，须郑重行礼。"问"，问讯。

10.16 康子馈药，拜而受之。曰："丘未达，不敢尝。"

【译】

季康子送药给孔子，孔子拜谢之后接受了。孔子说："我对药性不通晓，不敢尝。"

【释】

孔子接受他人馈赠并表示感谢，这是讲礼；不吃药性不明的药，这是谨慎；讲明自己不吃这药，这是坦直。"达"，通，通达，透彻地了解。

10.17 厩焚。子退朝，曰："伤人乎？"不问马。

【译】

马棚失火被烧。孔子退朝回来，说："伤到人了吗？"不问马的情况。

【释】

孔子是人道主义者。马棚被烧掉，他问有没有伤人，而不问马的情况。他对人的关心胜过对财产的关心。

10.18 君赐食，必正席先尝之。君赐腥，必熟而荐之。君赐生，必畜之。侍食于君，君祭，先饭。

【译】

国君赐给熟食，一定摆正座席先尝一尝。国君赐给生肉，一定煮熟了再给祖先上供。国君赐给活的牲口，一定要饲养起来。陪同国君吃饭，国君举行饭前祭礼，自己先吃饭不吃肉。

【释】

本章是讲"礼"。"荐"，进献给祖先。"君赐食，必正席先尝之"，表示对君主的恩赐恭敬、及时地领受；"君祭，先饭"，既有为国君先尝食物以确定无害之意（古时君主吃饭前，要有人先尝，君主才吃），也有把肉食让给国君之意。作名词时，"食"泛指食物，"饭"则多指谷物做成的食物（《康熙字典》引《汲冢周书》"黄帝始炊谷为饭"）。

10.19 疾，君视之，东首，加朝服，拖绅。

【译】

孔子病了，国君来探望，孔子脑袋朝东躺着，把上朝的礼服盖在身上，拖垂着大带。

【释】

本章是说孔子即使在病榻上也不会失礼于国君。他无法起身，也要"加朝服，拖绅"，以示对国君的尊重。

10.20 君命召，不俟驾行矣。

【译】

国君指示召见，不等车马驾好就起身步行。

【释】

不是等待车驾备好然后再起身去坐车，而是在准备车驾的同时就起身步行，做好随时上车的准备，这是表示随时奉命、对君命不拖延的尊君态度。"不俟驾行"，并不是步行前往国君那里。

10.21 入太庙，每事问。

【释】

已见《八佾第三》（3.15）。

10.22 朋友死，无所归，曰："于我殡。"

【译】

同学或同道死了，无处归葬，说："由我们来办丧事吧。"

【释】

本章中的"曰"字前无"子"字，不确定是否为孔子之言（本篇中若干章都未必是孔子之言）。若以为是孔子之言，则本章是讲孔子对朋友之伦的重视，他对朋友善始善终的担当。

《论语》中不见孔子谈及他现实生活中的同学或同道，因此本章中的"我"可以理解为"自己"——这句话可被认为是孔子对弟子们的一般性教导，意思是凡是弟子们的同学或同道死了而无人安葬，那么弟子们应该担负起安葬死者的责任。《左传·庄公十年》"春，齐师伐我"，"我"不必局限于单数的第一人称代词，称己方也可以为"我"。

10.23 朋友之馈，虽车马，非祭肉，不拜。

【译】

同学和同道的馈赠，即使是车马，只要不是祭肉，接受馈赠时都不行拜礼。

【释】

本章讲对礼的重视和对财的轻视。祭肉是祭礼的载体，车马即使贵重也不过是财物。

10.24 寝不尸，居不客。

【译】

睡觉，不把身体僵直地摆着；平日在家，不像做客或接待客人时那样跪坐。

【释】

本章可能是说孔子家居睡觉时和坐着时的姿态。"尸"，《说文》解释为"陈也，象卧之形"，此字是象卧着的人体形状，意思是摆放。郑注说"寝不尸"是因为厌恶死亡，则此处的"尸"有尸体的含义。"居不客"是指居家坐着时不像有客或做客时那么恭谨，因为跪坐会很累。"居不客"或作"居不容"，"客"和"容"字形相近容易混淆，但意思都可通。"居不容"的意思是居家时无须注重仪容，即容色自由随意（参见7.4）。

10.25 见齐衰者，虽狎，必变。见冕者与瞽者，虽亵，必以貌。凶服者式之。式负版者。有盛馔，必变色而作。迅雷风烈，必变。

【译】

看见穿丧服的人，即使彼此很熟悉，也一定要改变脸色变得严肃。看见官员和乐师，即使彼此很亲密，也一定表现出礼貌。乘车时看到穿丧服的人，就会俯下身子，手伏在车前横木上以示同情。在车上看见背负国家图籍的人，就会俯下身子，手伏在车前横木上以示敬意。如果有丰盛的筵席款待，一定要改变神色并站起来致谢。遇见迅雷狂风，一定要改变神色以示对上天的敬畏。

【释】

本章是讲对生死、对礼乐的重视，对他人的礼貌和对自然的敬畏。

"狎"，《说文》解释为"犬可习也"。犬善与人玩耍，跟人熟悉。"亵"，贴身的内衣，《说文》解释为"私服"。"亵"比"狎"的亲近程度更高。"版"，邦国图籍。

10.26 升车，必正立，执绥。车中，不内顾，不疾言，不亲指。

【译】

登车，一定端正地直立，然后拉着扶手的索带上车。在车中，不向车内回头看，不急速地说话，不乱指指点点。

【释】

本章可能是说孔子在车上的情形。从本篇中的许多地方都能看出，孔子是个非常细腻的人，凡是涉及礼的场合，他都非常注重细节。"绥"，上车时扶手用的索带。"亲"，疑当作"妄"，

《论语正义》："'亲'字义不可解。《曲礼》云'车上不妄指'，'亲'疑即'妄'字之误。"

10.27 色斯举矣，翔而后集。曰："山梁雌雉，时哉时哉！"子路共之，三嗅而作。

【译】

（孔子行走在山梁上，遇到一群雌雉。）孔子脸色有变，雌雉（似乎有所觉察）就飞了起来，盘旋之后又都停在树上。孔子说："山梁上的雌雉，是懂得时机的啊！是懂得时机的啊！"子路向雌雉拱手，雌雉振了几次翅膀又飞起来了。

【释】

连山梁雌雉都懂得时机，察觉到有危险就会躲避。本章可能是孔子的自我感叹，他身处衰世，虽然识得时机却没有好的机会，只好知其不可而为之。

"集"，《说文》解释为"群鸟在木上"。"雌雉"，雌性野鸡。"时"，时机。"共"，即"拱"。"三嗅而作"，多次振翅而飞起。鸟类起飞时翅膀会不停扇动。对本章中"嗅"字的解释很多：一说当作"臭"，张翅之貌（本译文采用此说）；一说当作"叹"，叹息之意；一说当作"戛"，鸟的长叫声。几种说法都是依据"嗅"的字形可能出现的讹误作出的推断，难有定说。

11.1 子曰:"先进于礼乐,野人也;后进于礼乐,君子也。如用之,则吾从先进。"

【译】

孔子说:"先在礼乐方面取得进步然后才做了官的人,是乡野平民;先做了官然后才在礼乐方面取得进步的人,是拥有爵禄的君子。如果要用他们,那我选择先在礼乐方面取得了进步的人。"

【释】

本章中的"君子"是指有位者,指拥有爵禄的统治阶层子弟。这些人在为官之前没有接受礼乐知识的学习,凭社会地位就当上了官,但其实未必懂得礼乐,未必知道怎样更好地为官施政。很明显,要做上官"野人"比"君子"更难,需要更真实的才能和更苛刻的条件。

11.2 子曰:"从我于陈、蔡者,皆不及门也。"

【译】

孔子说:"跟着我在陈国、蔡国受困的弟子们,如今都不在我门前了。"

据记载，孔子出游列国，曾厄于陈、蔡之间，绝粮，从者病。子贡至楚，楚昭王兴师迎孔子，始脱陈、蔡之困。孔子回鲁以后，子路、子贡等先后离开了他。本章表现孔子对这些曾经共患难的弟子的想念，也包含着对世事无常的感慨。

11.3 德行：颜渊，闵子骞，冉伯牛，仲弓。言语：宰我，子贡。政事：冉有，季路。文学：子游，子夏。

【译】

德行方面突出的：颜渊，闵子骞，冉伯牛，仲弓。辞令方面突出的：宰我，子贡。从政方面突出的：冉有，季路。古代文献方面突出的：子游，子夏。

【释】

本章所列德行、言语、政事、文学，后世称为"孔门四科"。唐开元时将本章提到的十位称为"孔门十哲"。"文学"，是指先王典文、古代文献，不是当今所谓"文学"。

11.4 子曰："回也非助我者也，于吾言无所不说。"

【译】

孔子说："颜回不是能帮助我的人，他对我所说的话，没有不感到舒心的。"

【释】

本章不是批评颜回，而是讲明一个道理：观点与我们不一致、跟我们辩驳的人，往往才是能够为我们带来进步的人。

11.5 子曰：“孝哉闵子骞！人不间于其父母昆弟之言。”

【译】

孔子说：“闵子骞孝顺啊！人们对于他跟父母兄弟，无法说出离间的话。”

【释】

闵子骞孝顺，他与其父母兄弟情感联结紧密，因而人们无论说什么都无法离间他跟父母兄弟的关系。《说文》：“间，隙也。”“间”，缝隙，引申为使关系产生裂痕，离间。

11.6 南容三复白圭，孔子以其兄之子妻之。

【译】

南容一再重温“白圭”的诗句，孔子把哥哥的女儿嫁给他。

【释】

“白圭”，指“白圭之玷，尚可磨也；斯言之玷，不可为也”的诗句，出自《诗经》。据南容所诵诗句，可见他说话生怕出错，极为谨慎，这符合孔子“慎言”的教导。

11.7 季康子问：“弟子孰为好学？”孔子对曰：“有颜回者好学，不幸短命死矣，今也则亡。”

【译】

季康子问：“您的弟子中谁是好学的？”孔子回答说：“有个叫颜回的弟子好学，不幸短命死了，现在没有堪称好学的弟子了。”

【释】

鲁哀公也曾这样问，孔子对鲁哀公说明了“好学”的内涵，指出"不迁怒，不贰过"是"好学"的表现（6.3）。本章的回答相对简略，这暗含着孔子对两位提问者不同的态度。

11.8 颜渊死，颜路请子之车以为之椁。子曰："才不才，亦各言其子也。鲤也死，有棺而无椁，吾不徒行以为之椁。以吾从大夫之后，不可徒行也。"

【译】

颜渊死了，他的父亲颜路请求把孔子的车子作为本钱，来给颜渊置办外椁。孔子说："有才和无才，分别说的是你的儿子和我的儿子——我的儿子不才，但我毕竟是他的父亲。孔鲤死了，有内棺而无外椁；作为父亲，我没有（弃车）步行来给他置办外椁。因为我跟随在大夫之列的后面，是不能够徒步走路的。"

【释】

本章讲"礼"（可参考11.11）。为文意显豁，译文做了增补。

"颜路"，颜回的父亲，也是孔子的弟子。古人棺有两重，内棺为"棺"，其外大棺为"椁"。《白虎通》说"椁之为言廓，所以开廓辟土，无令迫棺也"。"从大夫之后"，跟在大夫的队列后面，意思是担任过大夫。

11.9 颜渊死，子曰："噫！天丧予！天丧予！"

【译】

颜渊死了，孔子说："噫！上天要让我死啊！上天要让我死啊！"

【释】

对颜回之死，本章和下一章（11.10）表达的是孔子的情感，上一章（11.8）和第十一章（11.11）表现的是孔子的理智。

11.10 颜渊死，子哭之恸。从者曰："子恸矣！"曰："有恸乎？非夫人之为恸而谁为？"

【译】

颜渊死了，孔子哭得极其悲痛。跟随孔子的人说："您太悲痛了！"孔子说："有太悲痛吗？我不为这个人悲痛，为谁悲痛？"

【释】

"恸"，太过悲伤而大哭。"夫"读阳平，指示代词。

11.11 颜渊死，门人欲厚葬之。子曰："不可。"门人厚葬之。子曰："回也视予犹父也，予不得视犹子也。非我也，夫二三子也。"

【译】

颜渊死了，孔子的弟子们想要厚葬他。孔子说："不能。"

弟子们厚葬了颜回。孔子说："颜回视我如父，但我不能把他视如儿子。不是我要厚葬他，是那些弟子要厚葬他啊。"

【释】

本章表现了孔子对安葬颜回的理智。他遵从礼的原则，即便是对自己最疼爱的弟子也不例外。

11.12 季路问事鬼神。子曰："未能事人，焉能事鬼？"曰："敢问死。"曰："未知生，焉知死？"

【译】

季路问关于侍奉鬼神的问题。孔子说："人都未能侍奉好，怎能去侍奉鬼呢？"季路说："斗胆请问死是怎么回事。"孔子说："连怎么活都没弄明白，怎么可能弄懂死呢？"

【释】

孔子在此拒绝了对鬼神和死亡的讨论，但并未否定死亡和鬼神的存在。在孔子看来，死亡之后的情形不可知，讨论死亡和鬼神是没有结论也没有意义的。孔子的现实感很强，他认为探讨现实人生才是有意义的。

11.13 闵子侍侧，訚訚如也；子路，行行如也；冉有、子贡，侃侃如也。子乐。

"若由也，不得其死然。"

【译】

闵子骞侍奉在孔子身旁，是恭敬严正的样子；子路，是强硬有力的样子；冉有、子贡，是温和快乐的样子。孔子很愉悦。

孔子说："这仲由啊，不能得到正常的死亡呀。"

【释】

人的神情中包含着丰富的性格与心理内容，这可能跟人的命运有关。

"子乐"和下文所说的话在语意衔接上有一定跳跃，因而分段。最后的话包含着孔子对子路的预见与担忧，恐怕不是"子乐"时讲的，而是过了一阵之后才讲的。"行行"，有力迈进的样子。《释名》说，"两脚进曰行。行，抗也，抗足而前也"。

11.14 鲁人为长府。闵子骞曰："仍旧贯，如之何？何必改作？"
子曰："夫人不言，言必有中。"

【译】

鲁国人修建长府。闵子骞说："依照旧模样不变，怎么样？
为什么一定要改建呢？"孔子说："闵子骞这个人不大说话，一
说话就一定能切中事理。"

【释】

本章是孔子赞扬闵子骞，因其主张为政节俭。"贯"，本义
是以绳子串钱，因绳子具有连续性，"旧贯"则可指延续不变的
先例、惯例。

11.15 子曰："由之瑟奚为于丘之门？"门人不敬子路。子曰：
"由也升堂矣，未入于室也。"

【译】

孔子说："仲由的瑟，何必在我的门前来弹？"听到这话后，
孔子的弟子们不敬重子路。孔子说："仲由呢，他已经升堂达到
入门的程度了，只是尚未入室还不算精深。"

【释】

本章表现了孔子行事的中庸和对弟子（子路）的爱护之心。"由
之瑟奚为于丘之门"，意思是子路距孔子倡导的"乐"还有相当
的距离，这是对子路的批评。但当门人不敬子路时，他又改口赞
扬他（但已经登堂尚未入室的赞扬也是有分寸的）。

11.16 子贡问师与商也孰贤，子曰："师也过，商也不及。"曰："然则师愈与？"子曰："过犹不及。"

【译】

子贡问师（子张）和商（子夏）二人谁更多才，孔子说："师过分，商不足。"子贡说："这样说来，就是师更强吧？"孔子说："过分如同不足，二者差不多。"

【释】

愚笨的人想得太少，这是"不及"；聪明的人想得太多，这是"过"。愚笨的人用力过猛，这是"过"；聪明的人偷懒耍滑，这是"不及"。无论愚笨与聪明，都可能出现"过"或"不及"的问题。拿捏分寸，恰到好处，并不容易。"愈"，更胜一筹。

11.17 季氏富于周公，而求也为之聚敛而附益之。子曰："非吾徒也。小子鸣鼓而攻之，可也。"

【译】

季氏比鲁国国君更富有，冉求还帮他搜括以增加他的财富。孔子说："他冉求不是跟我走在一起的人。你们这些弟子敲着鼓去攻击他，这是可以的。"

【释】

在本章中，孔子表达了反对统治阶层过于富有、过分剥夺民众的立场。"周公"，指周公的后代，亦即鲁国国君。"徒"，步行，引申为一同行进的同类或伙伴。"鸣鼓"，击鼓使其鸣，古代攻伐时击鼓以助声威。

11.18 柴也愚，参也鲁，师也辟，由也喭。

【译】

高柴愚直，曾参迟钝，颛孙师孤僻，仲由粗鲁。

【释】

本章是孔子对四位弟子的评论。在孔子看来，这些弟子各有特点，亦即各有所偏，不合中行。其实每个人都是如此，人的特点从某个角度看是优点，但换个角度看也是缺点，因此每个人都必须在人生中不断学习，这也是孔子为何反复强调学习。柴、参、师、由，均为孔子弟子。"辟"，即"僻"，退避，孤僻。"喭"，鲁莽率直。

11.19 子曰："回也其庶乎，屡空；赐不受命而货殖焉，亿则屡中。"

【译】

孔子说："颜回差不多近道了吧，却常常穷得空无所有；端木赐不受命于官而去做买卖，臆测行情往往都能够猜中。"

【释】

本章是讲贫富跟道行无关。颜回修养很高却十分贫穷，端木赐修养不如颜回却能发财。

"庶"，庶几，差不多。"不受命"，不受官府之命。俞樾认为古之经商皆受命于官，"古者商贾皆官主之"，"若夫不受命于官，而自以其财市贱鬻贵，逐什一之利，是谓不受命而货殖"（《群经平议》）。"亿"，即"意"，意度，臆测。

157

11.20 子张问善人之道。子曰："不践迹，亦不入于室。"

【译】

子张问做善人的方法。孔子说："如果不踩着善人的足迹走，也就达不到善人的境界。"

【释】

本章是讲学习。"入于室"就是"入室"，相对于"升堂"而言（参见11.15）。譬如善人在室中，升堂只是入其家门，入室才能亲见善人，所以本章的"入于室"，指达到跟善人相同的境界。

11.21 子曰："论笃是与，君子者乎？色庄者乎？"

【译】

孔子说："若要认同某个言论切实不虚，则须分辨说话人是真正的君子呢，抑或只是神情上显得庄重呢？"

【释】

不可凭人说话的样貌神情确定某个论断是否靠谱，因为有的人是诚笃的君子，有的人却是一本正经地讲道理的伪君子。

"论笃是与"，意思是"与论笃"。"论"，议论、评论。"笃"，切实，确凿。"是"帮助倒装，和"唯利是图"的"是"用法相同。"与"，许，认同，赞同。

11.22 子路问："闻斯行诸？"子曰："有父兄在，如之何其闻斯行之？"冉有问："闻斯行诸？"子曰："闻斯行之。"公西华曰："由也问'闻斯行诸'，子曰'有父兄在'；求也问'闻斯行诸'，子曰'闻斯行之'。赤也惑，敢问。"子曰："求也退，故进之；由也兼人，故退之。"

【译】

子路问："听到了就行动吗？"孔子说："有父兄在，怎能听到了就行动呢？"冉有问："听到了就行动吗？"孔子说："听到了就行动。"公西华说："仲由问'听到了就行动吗'，您说'有父兄在'；冉求问'听到了就行动吗'，您却说'听到了就行动'。我糊涂了，大胆问您为何对同一问题的回答不同。"孔子说："冉求性格退让，所以我鼓励他；仲由的冲动双倍于人，所以我抑制他。"

【释】

"兼"，并，加倍。"兼人"，双倍于别人。这是孔子因材施教的一个范例，也表现了他的中庸思想——过于退让不行，过于冒进也不行，进退要适中。

11.23 子畏于匡，颜渊后。子曰："吾以女为死矣。"曰："子在，回何敢死？"

【译】

孔子在匡地受到威胁，颜渊落在后面逃出来。跟孔子会合后，孔子说："我还以为你已经死了。"颜渊说："您还活着，我怎么敢死？"

【释】

本章说孔子与颜回之间情感深厚。一方面，孔子担心颜回蒙难；另一方面，颜回说他不敢先于孔子而死，这是表达对孔子的敬重。

11.24 季子然问："仲由、冉求可谓大臣与？"子曰："吾以子为异之问，曾由与求之问。所谓大臣者，以道事君，不可则止。今由与求也，可谓具臣矣。"曰："然则从之者与？"子曰："弑父与君，亦不从也。"

【译】

季子然问："仲由、冉求可被称为大臣吗？"孔子说："我以为你是问别的，原来是问由与求。所谓大臣，要以道侍奉国君，如果道不被认可，就离职不干。现在由和求这两个人，不能说是大臣，可以说是充数的'具臣'。"季子然说："既然如此，那么他们会完全顺从季氏吗？"孔子说："杀父亲和杀国君这种事，他们也不会顺从的。"

【释】

本章孔子讲"以道事君"。"具臣"是指充数的臣属，仅备臣属之位而已，做不到像"大臣"那样"以道事君"。孔子有知人之智，他也知道仲由、冉求不会做出弑父弑君这种大逆不道的事情。

11.25 子路使子羔为费宰。子曰："贼夫人之子。"子路曰："有民人焉，有社稷焉，何必读书，然后为学？"子曰："是故恶夫佞者。"

【译】

子路派子羔做费地主管。孔子说："（他还没学习你就派他去做官）这是害人子弟啊。"子路说："那个地方有民众，有社稷，为什么一定要读了诗书文献才算学习呢？"孔子说："所以我憎恶那种花言巧语的人。"

【释】

本章讲的其实是关于间接知识和直接知识的问题。如果没有间接知识的学习，只是通过实践去摸索以获取直接知识，这是极为不智的，是害人的。孔子认为，做官的学习中必须包括文献知识，子路是狡辩；子路的辩解，意思是治理民众和社稷祭祀都是学习。

11.26 子路、曾皙、冉有、公西华侍坐。

子曰："以吾一日长乎尔，毋吾以也。居则曰'不吾知也'，如或知尔，则何以哉？"

子路率尔而对曰："千乘之国，摄乎大国之间，加之以师旅，因之以饥馑；由也为之，比及三年，可使有勇，且知方也。"夫子哂之。

"求，尔何如？"对曰："方六七十，如五六十，求也为之，比及三年，可使足民。如其礼乐，以俟君子。"

"赤，尔何如？"对曰："非曰能之，愿学焉：宗庙之事，如会同，端章甫，愿为小相焉。"

"点，尔何如？"

鼓瑟希，铿尔，舍瑟而作，对曰："异乎三子者之撰。"

子曰："何伤乎？亦各言其志也。"

曰："莫春者，春服既成，冠者五六人，童子六七人，浴乎沂，风乎舞雩，咏而归。"

夫子喟然叹曰："吾与点也！"

三子者出，曾皙后。曾皙曰："夫三子者之言何如？"子曰："亦各言其志也已矣。"

曰："夫子何哂由也？"曰："为国以礼，其言不让，是故哂之。"

"唯求则非邦也与？安见方六七十如五六十而非邦也者？唯赤则非邦也与？宗庙会同，非诸侯而何？赤也为之小，孰能为之大？"

【译】

子路、曾皙、冉有、公西华侍奉孔子坐着。

孔子说："因为我年龄比你们大一些，不会有人用我了。你们平时说'没有人了解我呀'，假如有人了解你们（要任用你们），那你们要怎样去做呢？"

子路仓促回答说："一个拥有千辆兵车的国家，夹在大国中间，受到武力侵犯，接着又闹饥荒；我去治理，等到三年，可以让人们有勇气，而且懂得正义。"孔子笑了笑。

孔子问："冉求，你怎样做？"冉有回答说："方圆六七十里或五六十里的小国，我去治理，等到三年，可以让民众财用充足。至于礼乐教化，要等别的君子来施行。"

孔子问："公西赤，你怎样做？"公西华回答说："不是说我能做到，但我愿意学习这些：参加宗庙祭祀，或者诸侯会盟，我穿着礼服戴着礼帽，希望做个小小的司仪。"

孔子又问："曾点，你怎样做？"

此时曾皙弹瑟逐渐放慢，"铿"的一声，他放下瑟站起来，回答说："我跟三位所讲的不同。"

孔子说："有什么妨害呢？也不过是各人说出自己的志向而已。"

曾皙说："暮春时节，春服已经穿定，我和五六位成年人，六七个少年，在沂河水里洗浴，在舞雩台上吹风，然后唱着歌回去。"

孔子感叹说："我认同曾点啊！"

子路、冉有、公西华都出去了，曾皙后走。他问孔子说："那三位的话怎么样？"孔子说："也就是各自说出自己的志向罢了。"

曾皙说："老师为什么要笑仲由呢？"孔子说："治理国家要用礼，而他说话不谦让，所以我笑他。"

孔子继续说："冉求讲的就不是治理国家吗？怎见得方圆六七十里或五六十里的就不是国家呢？公西赤讲的就不是治理国家吗？宗庙祭祀和诸侯会盟，这不是诸侯国的事又是什么？像公西赤这样的人只能做一个小司仪，那谁又能做大相呢？"

【释】

本章故事可见孔子对礼乐的观点。子路无礼，故被孔子含蓄地批评，冉有、公西华都表现得很谦虚，这符合"礼"的要求。"吾与点也"，则表明孔子认为"乐"才是他内心真正向往的——说到底，"礼"无非是用来保障社会的有序发展，"乐"才是"礼"的最终目的，生活与生命的终极境界是自由和快乐。

曾皙，孔子弟子曾点，曾参的父亲。"端章甫"，"端"是礼服之名，"章甫"是礼帽之名。本章最后分段处二"唯"句，古人或认为是曾点问孔子之语，或以为是孔子之语，我认为后者是正确的。孔子此处是自问自答。此二"唯"句，是孔子对曾皙"夫三子者之言何如"的提问的继续回应，同时也是继续解释为何笑子路——子路的回答提及"千乘之国"，而其他两位未提及邦国，孔子的意思是，并非子路所谈的才是国家治理的问题，其他两位也是。

163

12.1 颜渊问仁。子曰："克己复礼为仁。一日克己复礼，天下归仁焉。为仁由己，而由人乎哉？"颜渊曰："请问其目。"子曰："非礼勿视，非礼勿听，非礼勿言，非礼勿动。"颜渊曰："回虽不敏，请事斯语矣。"

【译】

　　颜渊问关于"仁"的问题。孔子说："对自我保持克制，言行回复到礼的要求上，这就是实践仁。如果某一天做到了克己复礼，天下就会归服其仁德。仁的实践只能通过自己，难道能经由他人吗？"颜渊说："请问实践仁的具体条目。"孔子说："不合于礼的不要看，不合于礼的不要听，不合于礼的不要说，不合于礼的不要做。"颜渊说："我虽然愚笨，也会按照这话去做。"

【释】

　　"仁"有生机的含义。果核内部有生气的种子叫作"仁"；有感觉和感受才是仁，否则就是麻木不仁。程颢说，心如谷种，"仁"就是"生之性"，是生命的本性。在儒家的理解中，"仁"

首先是一种生命情感，"仁者爱人"。本章中孔子讲"克己复礼为仁"，不是对"仁"的定义，而是孔子关于怎样才能做到"仁"的解释。"为"是做、实践的意思。

孔子把"礼"作为"仁"的实践活动的基本规范，实践仁必须依礼而行。仁是内在的道德情感，礼是外在的实践活动。"克己复礼"是比较抽象的总纲，所以颜渊问具体的条目。应该注意的是，"非礼勿视，非礼勿听，非礼勿言，非礼勿动"虽然只是行为规范，但这些外在的行为规范会反过来维护并加强内在的"仁"——换句话说，符合"礼"的行动就是达成"仁"的修行。为什么符合"礼"的行动就是达成"仁"的修行呢？这是因为"礼"是符合"义"的，亦即正当合宜，跟"生之性"是合拍的，因而是符合"仁"的。仁、义、礼，本质上都是一致的。

12.2 仲弓问仁。子曰："出门如见大宾，使民如承大祭；己所不欲，勿施于人；在邦无怨，在家无怨。"仲弓曰："雍虽不敏，请事斯语矣。"

【译】

仲弓问关于"仁"的问题。孔子说："出门办事如同去见贵宾，使唤民众如同承担重大祭祀，都要庄敬严肃；自己都不想要的，不要强加于别人；要远离怨恨——在诸侯国中没有人怨恨自己，在卿大夫封地里也没有人怨恨自己。"仲弓说："我虽然愚笨，也会按照这话去做。"

【释】

从孔子的这番言辞来看，冉雍（仲弓）似乎是一个性格比较强势、容易招致怨恨的人。但似乎没有资料证明仲弓是这样的人。以下理解可能更符合实情——孔子是针对仲弓的长处来讲这番话的，他在鼓励仲弓发扬长处以实践"仁"。颜渊问仁，孔子主要着眼于礼的修养；仲弓问仁，孔子的着眼点却是办事为官。孔子认为"雍也可使南面"（6.1），所以他教导冉雍的角度跟颜渊不同。冉雍为政"居敬行简"，跟本章中孔子对他的教导也相当吻合。

12.3 司马牛问仁。子曰："仁者，其言也切。"曰："其言也切，斯谓之仁已乎？"子曰："为之，难；言之，得无切乎？"

【译】

司马牛问关于"仁"的问题。孔子说："仁，就是说话迟钝慎重。"司马牛说："说话迟钝慎重，这就叫作仁了吗？"孔子说："做，很难；说，能不迟钝慎重吗？"

【释】

"仁"是一个深邃而宏大的话题，孔子对不同弟子关于"仁"的提问的答复是有所区别的。本章应是孔子针对司马牛多言急躁而讲的，可见孔子教导弟子的特点——他对提问通常不作出终极性回答，而只针对弟子的当前情况作出过程性回答。

"司马牛"，司马耕，孔子的弟子。"切"，言语迟钝，缓慢谨慎。《说文》："切，顿也。"

12.4 司马牛问君子。子曰："君子不忧不惧。"曰："不忧不惧，斯谓之君子已乎？"子曰："内省不疚，夫何忧何惧？"

【译】

司马牛问关于"君子"的问题。孔子说:"君子不忧虑,不恐惧。"司马牛说:"不忧虑,不恐惧,这就叫作君子了吗?"孔子说:"反省内心无所愧疚,那还有什么忧虑和恐惧呢?"

【释】

"君子不忧不惧",并不是没心没肺,也不是无情无义。"不忧不惧",只是表象;符合道义,问心无愧,故而心安,才是实质。

12.5 司马牛忧曰:"人皆有兄弟,我独亡。"子夏曰:"商闻之矣:死生有命,富贵在天。君子敬而无失,与人恭而有礼,四海之内皆兄弟也。君子何患乎无兄弟也?"

【译】

司马牛忧愁地说:"别人都有兄弟,唯独我没有。"子夏说:"我听说过:死生有命运来安排,富贵由天意来决定。君子对待事情严肃认真而不出差错,结交他人恭肃慎重而符合礼的要求,那么,四海之内的人就都是自己的兄弟了。君子何必担忧没有兄弟呢?"

【释】

本章子夏对"兄弟"这一概念的认知是广阔的,由此可见子夏的胸襟比司马牛宽广。"商闻之矣"后面几句直到"四海之内皆兄弟也",有可能是转述孔子的话。

12.6 子张问明。子曰:"浸润之谮,肤受之愬,不行焉,可谓明也已矣。浸润之谮,肤受之愬,不行焉,可谓远也已矣。"

【译】

子张问关于"明"的问题。孔子说："像水浸润物体那样暗中挑拨、无中生有的坏话，像皮肤感受事物那样能直接触发情绪、有事实根据的坏话，在你那里都行不通，这就可以叫作明智了。像水浸润物体那样暗中挑拨、无中生有的坏话，像皮肤感受事物那样能直接触发情绪、有事实根据的坏话，在你那里都行不通，这就可以叫作看得深远了。"

【释】

本章是孔子对子张讲什么是明智。明智，就是要对隐蔽的坏话，能够加以辨别；对有一定事实依据的、似是而非的坏话，能够避免直接的情绪化反应。前者要求明察的能力，后者要求保持足够的理智。

"谮"是无中生有的坏话。《说文》说"谮，愬也"，"谮""愬"同义。"愬"，同"诉"。根据《康熙字典》中"如其事曰诉，加诬曰谮"的说法，"谮"与"愬"的区别在于有无一定的事实依据。

12.7 子贡问政。子曰："足食，足兵，民信之矣。"

子贡曰："必不得已而去，于斯三者何先？"曰："去兵。"

子贡曰："必不得已而去，于斯二者何先？"曰："去食。自古皆有死，民无信不立。"

【译】

子贡问关于治理国家的问题。孔子说："使食物充足，使军备充足，使民众信任。"

子贡说："如果不得不去掉其中一项，在这三项中先去掉什么？"孔子说："去掉军备。"

子贡说："如果不得不再去掉一项，在这两项中先去掉什么？"孔子说："去掉食物。没有食物固然会死，但自古以来人总是要死的，如果失去了民众对治国者的信任，国家就不能成立。"

【释】

在一般意义上说，生存是最重要的，国家原本是为保障群体的生存和发展才得以成立的。食物直接关乎生存，军备进而保障安全，无食物可吃必死，无军备保障未必死，因此食物比军备优先。从生活角度说，孔子当然知道食物是生存所必需；但从政治的角度说，国家是一种被人民接受的组织形态，政权的根基是人民的信任，如果没有人民的信任和接受，国家的存在就是不必要的。

12.8 棘子成曰："君子质而已矣，何以文为？"子贡曰："惜乎，夫子之说君子也！驷不及舌。文犹质也，质犹文也。虎豹之鞟犹犬羊之鞟。"

【译】

棘子成说："君子只要自然属性就够了，用文化属性干什么呢？"子贡说："您对君子的这番解释，令人痛心啊！马车的奔驰赶不上言语的速度，您这话太轻率了。自然属性如同文化属性，文化属性如同自然属性，二者共同决定着一个人是不是君子。去掉文化属性的人就如同去掉了毛的虎豹之皮，跟去掉了毛的犬羊之皮看起来没什么不同。"

本章还是讲君子须文质彬彬,侧重于强调君子必须有"文"(参见 6.18)。为便于理解,译文有所补充。"棘子成"是卫国大夫,所以子贡尊称他为"夫子"。"驷不及舌",话一出口就追不回来,这是批评棘子成的话过于轻率,缺乏深思熟虑。"驷",拉一辆车的四匹马。"鞟",革,去掉毛的皮。

12.9 哀公问于有若,曰:"年饥,用不足,如之何?"有若对曰:"盍彻乎?"曰:"二,吾犹不足,如之何其彻也?"对曰:"百姓足,君孰与不足?百姓不足,君孰与足?"

【译】

鲁哀公问有若,说:"年成有饥荒,我用度不足,怎么办?"有若回答说:"何不实行彻法,只抽十分之一的税呢?"哀公说:"现在抽十分之二,我还不够用,怎么能实行彻法呢?"有若回答说:"如果民众用度足够,国君怎会不足够?如果民众用度不够,国君又怎会足够呢?"

【释】

本章的核心思想是"富民"。如果人民不富裕,君主的富裕也不可能久长。有若的观点是,削减田税的税率,实行"彻税"即什一税率,减轻民众经济负担,使其有能力实现可持续再生产,只要民众富足了,国家就不可能贫穷。

12.10 子张问崇德辨惑。子曰:"主忠信,徙义,崇德也。爱之欲其生,恶之欲其死,既欲其生,又欲其死,是惑也。'诚不以富，亦只以异。'"

【译】

子张问什么是"崇德辨惑"。孔子说："为人以忠信为主，使自己靠近正义，这就是'崇德'。爱一个人就希望他活下去，憎恶起来却恨不得他去死，既想要他活，又想要他死，这就是糊涂。（情感的极端化带来理智的不稳定从而会导致糊涂，正如《诗》所说的）'确实不是因为富裕与否，而只是因为变心。'"

【释】

"崇德"是修养问题，"辨惑"是理智问题。提高道德修养水平，主要靠"忠信"和"义"；辨别疑惑，主要靠保持理性，避免感情用事。

12.11 齐景公问政于孔子。孔子对曰："君君，臣臣，父父，子子。"公曰："善哉！信如君不君，臣不臣，父不父，子不子，虽有粟，吾得而食诸？"

【译】

齐景公向孔子问治国之政事。孔子回答说："国君做好国君，臣子做好臣子，父亲做好父亲，儿子做好儿子。"景公说："说得好啊！如果国君不好好做国君，臣子不好好做臣子，父亲不好好做父亲，儿子不好好做儿子，虽然有粟米，我能吃得到吗？"

【释】

孔子这里强调的不是等级而是本分。他的意思是，每个人都在社会事务和伦理关系中扮演着自己的角色，做好这个角色该做的事，是本分。当人们都做好本分，这就是符合礼的。从齐景公的回答来看，他的出发点似乎仅仅顾及自己的利益，他并未谈及自己如何做好国君；而孔子对齐景公的回答恐怕主要是针对国君来讲的，言外之意是齐景公要做好作为国君须做好的事。

12.12 子曰："片言可以折狱者，其由也与？"
子路无宿诺。

【译】

孔子说："只听诉讼双方中一方的言辞就可以判决案件的，大概就是仲由了吧。"

子路没有久拖而不兑现的诺言。

【释】

子路凭"片言"以"折狱"，不合常理。对此有多种解释，譬如说子路明决，凭单方面陈述就可以作出判断；又如说子路忠信，人们因对他的信服而不讲假话，所以凭一面之词就可以明辨真相和曲直。我以为这些说法都不对。孔子这句话，并未表明他认同"片言折狱"的做法，更可能暗含着孔子对子路轻率断案的委婉批评。

"子路无宿诺"，是说子路急于落实，不拖延。文意跟上文不连贯，因此分段。

12.13 子曰："听讼，吾犹人也。必也使无讼乎！"

【译】

孔子说："听取诉讼，我同别人是一样的。真正重要的是，务必使诉讼本身不发生！"

孔子的意思是，有诉讼就是有纠纷，就是社会不和谐。审理案件的水平高低，并非问题的关键；关键是要社会和谐，和谐就能尽可能减少甚至消除诉讼。公正审案不是根本，真正的着力点在社会治理，无案可审才是最好的。

12.14 子张问政。子曰："居之无倦，行之以忠。"

【译】

子张问治国之政事。孔子说："身居政位，不要倦怠；推行政事，尽心而为。"

【释】

不只为政，做所有正事，都是这道理。

12.15 子曰："博学于文，约之以礼，亦可以弗畔矣夫！"

【释】

已见于《雍也第六》（6.27）。

12.16 子曰："君子成人之美，不成人之恶。小人反是。"

【译】

孔子说："君子促成别人的美善，不助成别人的丑恶。小人与此相反。"

【释】

他人有善言善行，要鼓励、随喜、助成；他人有恶言恶行，则不能鼓励，不能助人行恶。"不成"是不支持，不代表要对着干。

12.17 季康子问政于孔子。孔子对曰："政者，正也。子帅以正，孰敢不正？"

【译】

季康子向孔子问治国之政事。孔子回答说："'政'，就是'正'。您用正直带头，谁敢不正直？"

【释】

孔子的回答具有针对性，本章可能暗含着对季康子为政不正的告诫。"帅"，率，先导。

12.18 季康子患盗，问于孔子。孔子对曰："苟子之不欲，虽赏之不窃。"

【译】

季康子担忧盗窃，就此询问孔子。孔子回答说："假如您自己不欲求，即使奖励也无人盗窃。"

【释】

本章也暗含着对季康子的批评。跟上一章近似，本章也主张为政者须正人先正己，有强调道德教化的意思。孔子显然不会不知道饥寒起盗心的常情，也并非不懂得刑罚的作用，但从本章和上下两章可以看出，他的回答是有针对性的——当为政者自己不正，自己贪婪，自己不善，必定会导致社会风气相应地变坏。

12.19 季康子问政于孔子曰："如杀无道以就有道，何如？"孔子对曰："子为政，焉用杀？子欲善而民善矣。君子之德风，小人之德草，草上之风，必偃。"

季康子向孔子询问治国之政事，说：“如果杀掉无道的人来使社会趋于有道，如何？”孔子回答说：“您实行治理，哪里用得着杀人？您想要善，民众就会跟着变善。在上位的君子的德行好比风，在下位的平民的德行好比草，草上吹到风，草必跟着倒。”

【释】

孔子反对杀人，主张教化。即便是无道之人，孔子也是不主张杀戮的。在孔子看来，“德”的重要性高于“刑”，“刑”固然能够使人畏惧，但只有“德”才能使人真正信服，只有“德”才能使民众跟进。

12.20 子张问：“士何如斯可谓之达矣？”子曰：“何哉，尔所谓达者？”子张对曰：“在邦必闻，在家必闻。”子曰：“是闻也，非达也。夫达也者，质直而好义，察言而观色，虑以下人。在邦必达，在家必达。夫闻也者，色取仁而行违，居之不疑。在邦必闻，在家必闻。”

【译】

子张问：“士怎样才可以叫作‘达’？”孔子说：“你说的‘达’是指什么？”子张回答说：“在诸侯国里必定有名声，在大夫封地里也必定有名声。”孔子说：“这是‘闻’，不是‘达’。所谓‘达’，是品质正直并爱好正义，善于揣摩别人的话语和观察别人的脸色而智慧地行事，心里想着谦恭待人。这样的人在诸侯国里一定能通达，在大夫封地里也一定能通达。至于‘闻’，是外表上装出仁但行动上违背仁，这样做还心安理得。但这种人在诸侯国里必定会获取名声，在大夫封地里也必定会获取名声。"

【释】

本章中孔子辨析了"闻"与"达"的区别。"闻"是虚假的名声，并不是真正的显达；只有质直而好义、聪明而谦恭，才能造就"达"。在孔子看来，伪君子不可能"达"，但他们经常能够获取虚名。

12.21 樊迟从游于舞雩之下，曰："敢问崇德、修慝、辨惑。"子曰："善哉问！先事后得，非崇德与？攻其恶，无攻人之恶，非修慝与？一朝之忿，忘其身，以及其亲，非惑与？"

【译】

樊迟跟从孔子在舞雩台下闲游，说："斗胆问您关于崇德、修慝、辨惑的问题。"孔子说："这提问很好啊！先致力于有德之事，然后在德行上有所收获，不就是提高德行了吗？攻击自己有心犯下的过错，不攻击他人有心犯下的过错，不就是整治内心邪念了吗？因一时的愤怒，就忘记了自身安危，乃至牵连到父母，不就是糊涂吗？"

【释】

本章与本篇第十章相参照，可知孔子回答的针对性是非常明显的。根据孔子不同的回答，可反推提问者在孔子眼中是怎样的人。"恶"，《说文》解释为"过"，过失。（"恶"与"过"的区别见 5.23 之解释。）"慝"，隐秘的邪念。

12.22 樊迟问仁，子曰："爱人。"问知，子曰："知人。"樊迟未达。子曰："举直错诸枉，能使枉者直。"

樊迟退，见子夏曰："乡也吾见于夫子而问知，子曰'举直错诸枉，能使枉者直'，何谓也？"子夏曰："富哉言乎！舜有天下，选于众，举皋陶，不仁者远矣。汤有天下，选于众，举伊尹，不仁者远矣。"

【译】

樊迟问关于"仁"的问题，孔子说："爱人。"樊迟又问什么是"智"，孔子说："了解人。"樊迟还不明白什么是智。孔子说："选拔正直的人，使其处于不正直的人之上，就能使不正直的人变得正直。"

樊迟退出来，见到子夏说："刚才我见到老师，问他什么是'智'，他说'选拔正直的人，使其处于不正直的人之上，就能使不正直的人变得正直'，这是什么意思？"子夏说："这话内涵丰富啊！舜有天下，在众人中挑选人才，选拔出皋陶，不仁的人就逐渐远离不仁了。汤有天下，在众人中挑选人才，选拔出伊尹，不仁的人就逐渐远离不仁了。"

【释】

"仁"是"爱人"，而爱是无须对人加以区分的，爱可遍及所有人；但"智"却必须有所区分和选择，"举直错诸枉"需要"知人"，需要辨别的智慧。

根据下文樊迟见到子夏时所说的话，"樊迟未达"的是"智"。而孔子的回答"举直错诸枉，能使枉者直"，兼有"仁"和"智"——"举直错诸枉"，这是"智"，这措施是智慧的；"能使枉者直"，这是"仁"，包含着对"枉者"的"爱"。子夏的话对此作出了

177

间接的印证。"乡"，同"向"，先前。"不仁者远矣"，根据前文文意，是指不正直的人逐渐远离恶行而变成好人。

12.23 子贡问友。子曰："忠告而善道之。不可则止，毋自辱焉。"

【译】

子贡问如何对待同道。孔子说："诚心地劝告他，好好地引导他。如果他不认可，就别再做什么，不要自取其辱。"

【释】

不难看出孔子的责任感和体察人情的智慧。对于同道者，一要"忠告而善道之"，这是为对方尽责；二要"不可则止"，要尊重对方的自主性，否则容易自取其辱，这是智慧。"道"，导。

12.24 曾子曰："君子以文会友，以友辅仁。"

【译】

曾子说："君子通过对典籍的探讨来交往同道，依靠同道来帮助自己培养仁德。"

【释】

"以文会友"，是指以对典籍的探讨来结交同道。"文"不是指一般的文章，更不是自己的文章，而是传统的、具有思想和文化意义的典章典籍；通过对这样的典籍的探讨交流，才能了解到对方是否跟自己具有相通的观念和追求，亦即对方能否成为跟自己志趣相投的"友"。而同道则意味着价值观念和价值追求相同，能相互砥砺，共同进步，故可"以友辅仁"。

13.1 子路问政。子曰："先之劳之。"请益。曰："无倦。"

【译】

子路问关于政事的问题。孔子说："先于民众勤苦，然后使民众勤苦。"子路请求再多讲讲。孔子说："对此不倦怠。"

【释】

本章讲治理者须向民众率先垂范，不能让自己舒适而让民众勤苦。

13.2 仲弓为季氏宰，问政。子曰："先有司，赦小过，举贤才。"曰："焉知贤才而举之？"子曰："举尔所知。尔所不知，人其舍诸？"

【译】

仲弓为季氏做主管，问孔子关于政事的问题。孔子说："向管理具体事务的官吏作出表率，赦免下属的小过失，选拔贤才。"仲弓又问："如何了解到一个人是贤才进而选拔出来？"孔子说："选拔你所了解的贤才。你不了解的贤才，别人难道会舍弃他们而不举荐吗？"

本章主要意思是说，用才须用自己所知之才；自己不知的贤才，他人自会举荐。"先"，先导，表率。"赦"，免，免除或减轻处罚。"诸"，"之乎"二字的合音。

13.3 子路曰："卫君待子而为政，子将奚先？"子曰："必也正名乎！"子路曰："有是哉？子之迂也？奚其正？"子曰："野哉，由也！君子于其所不知，盖阙如也。名不正则言不顺，言不顺则事不成，事不成则礼乐不兴，礼乐不兴则刑罚不中，刑罚不中则民无所错手足。故君子名之必可言也，言之必可行也。君子于其言，无所苟而已矣。"

【译】

子路说："卫国国君等着您去从事治理，您打算以何为先？"孔子说："一定要先正确定义关于国家治理的各种概念。"子路说："有这样做的吗？是否太迂远了？概念如何正确定义呢？"孔子说："仲由，你真没见识啊。君子对于他所不了解的，是不会谈论的。概念不正确定义，说话就不顺当合理；说话不顺当合理，事情就办不成功；事情办不成功，礼乐就不能兴盛；礼乐不能兴盛，刑罚就不能得当；刑罚不能得当，民众就不知道怎么做才符合法度。所以，君子定义概念，一定要能够符合说话的需要；说出话语，一定要能够实行。君子对于自己所说的话，没有马虎随便的。"

【释】

把"正名"理解为"正确定义概念"，跟前人有所不同。明晰的概念是说话的基础，所以孔子说"名不正则言不顺"。《老子》

中"道可道，非常道；名可名，非常名"，"名"也就是这个意思。根据上述理解，本章的译文是显豁且连贯的。

子路问为政，孔子先从"正名"即定义概念说起，所以子路疑惑这是否太"迂"了。在孔子看来，"名—言—事"是环环相扣的，概念不明，表达就不顺；表达不顺，则做事不成。这个逻辑是清楚的。孔子认为正名是基础，是起点。其实他讲"君君，臣臣，父父，子子"（12.11），这也是所谓"正名"，即清晰地界定君臣父子作为伦理范畴的内涵，明确各自的界限，如此才能各安其位。

13.4 樊迟请学稼。子曰："吾不如老农。"请学为圃。曰："吾不如老圃。"
樊迟出。子曰："小人哉，樊须也！上好礼，则民莫敢不敬；上好义，则民莫敢不服；上好信，则民莫敢不用情。夫如是，则四方之民襁负其子而至矣，焉用稼？"

【译】

樊迟请求学习种庄稼。孔子说："我不如老农夫。"樊迟又请求学习种菜。孔子说："我不如老菜农。"

樊迟退了出去。孔子说："樊迟是小人啊！在上位者重视礼，民众就无人敢不恭敬端肃；在上位者重视义，民众就无人敢不服从；在上位的人重视信，民众就无人敢不用真心实情来对待。像这样，四方的民众就会用襁褓背着自己的孩子来投奔，哪里用得着自己去种庄稼呢？"

【释】

孔子并非不知道庄稼蔬菜对于生活的意义，他知道人是有社会分工的，不同社会分工需要不同的知识。他认为他的弟子应该致力于学习社会治理，不必为掌握生产劳动知识耗费精力。他对樊迟的批评，相当于如今所谓不务正业。

"小人哉，樊须也"，意思是樊迟立意不高，不是堪居上位的君子，这句话不是指责他没有德行。"好"，喜好。人们都会看重自己所喜欢的，故此处引申解释为重视。

13.5 子曰："诵《诗》三百，授之以政，不达；使于四方，不能专对。虽多，亦奚以为？"

【译】

孔子说："能诵《诗》三百篇，把政务交给他，却不能顺利办妥；派他出使四方诸侯国，也不能自主应对。虽然能诵出很多诗篇，又用来干什么呢？"

【释】

学须能致用。《诗经》通于政事，春秋时也用于外交场合（《左传》里多见在外交场合引述《诗经》诗句的记载）。本章是说《诗经》之用，只是能熟诵是不行的。"达"，通，通达。"专对"，自主应对。使者使于诸侯，只接受使命，具体如何应对，须根据实际情况自主、灵活地处理。

13.6 子曰："其身正，不令而行；其身不正，虽令不从。"

【译】

孔子说："如果自身正直，即使不发出命令，别人也会按照他的意思去做；如果自身不正直，即使发出命令，别人也不会顺从他的意思去做。"

【释】

这是讲居上位者的示范引领作用。

这段话也可理解为："如果一个人自身正直，即使不命令他做正直的事，他也会去做；如果一个人自身不正直，即使命令他去做正直的事，他也不会听从。"区别在于"令"的主语和宾语不同。

13.7 子曰："鲁卫之政，兄弟也。"

【译】

孔子说："鲁、卫两国的政事，就像兄弟。"

【释】

鲁为周公之后，卫为康叔之后，周公、康叔是兄弟关系。孔子这话可能是就此而发，意思是鲁、卫两国的政事因历史传承而有一定的相似性，不见得另有深意。

13.8 子谓卫公子荆："善居室。始有，曰：'苟合矣。'少有，曰：'苟完矣。'富有，曰：'苟美矣。'"

【译】

孔子谈到卫公子荆，说："他善于居家。开始有点财物，就说：

'暂有聚存了。'稍微多点财物，就说：'暂且完备了。'更多地有了财物，就说：'暂且完美了。'

【释】

本章是孔子赞叹卫公子荆的不贪。"居室"，指居家度日。"苟"，暂且，姑且。"合"，聚，有所集聚留存。"少"，稍微。"富"，多，这里用作副词，更。

13.9 子适卫，冉有仆。子曰："庶矣哉！"冉有曰："既庶矣，又何加焉？"曰："富之。"曰："既富矣，又何加焉？"曰："教之。"

【译】

孔子到卫国，冉有为他驾车。孔子说："人口众多啊！"冉有说："人口已经很多，又该再做什么呢？"孔子说："使他们富有。"冉有说："已经富有了，又该再做什么呢？"孔子说："教化他们。"

【释】

本章说治国的顺序是先富后教。首先让人民富有，然后实施教化。"仆"，驾御车马。

13.10 子曰："苟有用我者，期月而已可也，三年有成。"

【译】

孔子说："如果有人用我治理政事，一年就能被认可，三年就能有成就。"

【释】

"期月"，一年。《说文》："期，会也。"同一月份再度会合，意思是满一年。"可"，认可，合意。"成"，就，成就。

13.11 子曰："'善人为邦百年，亦可以胜残去杀矣。'诚哉是言也！"

【译】

孔子说："'善人治理国家一百年，也就能够压制残暴废掉杀戮了。'这话是对的啊！"

【释】

本章是孔子借他人的话来表现自己的政治理想。

13.12 子曰："如有王者，必世而后仁。"

【译】

孔子说："如果有王者，也一定要三十年治理之后才能实现仁政。"

【释】

本章意思是说，王者治理国家的前三十年，可能仍然无法排除刑罚杀戮等手段，之后才能够实现仁政。本章应与上一章结合起来看。"世"，三十年为一世。

13.13 子曰："苟正其身矣，于从政乎何有？不能正其身，如正人何？"

【译】

孔子说："如果使自己正直了，在从事政事方面还有什么困难呢？如果不能使自己正直，如何去使他人正直呢？"

【释】

治理者必须首先端正自己，正人先正己。这一主张前面已多次出现。

13.14 冉子退朝，子曰："何晏也？"对曰："有政。"子曰："其事也。如有政，虽不吾以，吾其与闻之。"

【译】

冉求退朝回来，孔子说："为什么回来得这么晚？"冉求说："有政务。"孔子说："大概是普通事务吧。如果有政务，虽然国君不用我了，我大概也会知道的。"

【释】

本章是说，"政"与"事"不同，从政者所做的事，有重大与否之别。"政"是重大事务，"事"是普通事务。"与闻"，参与知悉。

13.15 定公问："一言而可以兴邦，有诸？"孔子对曰："言不可以若是其几也。人之言曰：'为君难，为臣不易。'如知为君之难也，不几乎一言而兴邦乎？"

曰："一言而丧邦，有诸？"孔子对曰："言不可以若是其几也。人之言曰：'予无乐乎为君，唯其言而莫予违也。'如其善而莫之违也，不亦善乎？如不善而莫之违也，不几乎一言而丧邦乎？"

【译】

鲁定公问："一句话就能使国家兴盛，有这样的话吗？"孔子回答说："话不可能有这样的效果，但有接近于这种效果的话。

有人这样说：'做君难，做臣不易。'如果认识到做君之难，这不接近于一句话就能使国家兴盛吗？"

鲁定公问："一句话就失掉国家，有这样的话吗？"孔子回答说："话不可能有这样的效果，但有接近于这种效果的话。有人这样说：'我对做国君没有什么愉悦的，只是我的话无人违抗。'如果说得对而没有人违抗，不也好吗？如果说得不对而没有人违抗，这不就接近于一句话就失掉国家吗？"

【释】

本章是说，国君对"一言而可以兴邦"不要有幼稚的期待，对"一言而丧邦"要有所警觉。关键在于国君要明智，有能力辨别话语是否正确有理，尤其要警惕权力导致的对君主话语的无条件听从。"几"，接近。

13.16 叶公问政。子曰："近者说，远者来。"

【译】

叶公问关于政事的问题。孔子说："使近处的人们舒心，使远方的人们归附。"

【释】

这是讲国家治理，要让本地人民具有认同感和幸福感，且对他处的人民具有吸引力和感召力。

13.17 子夏为莒父宰，问政。子曰："无欲速，无见小利。欲速则不达，见小利则大事不成。"

【译】

子夏做莒父的主管，问孔子关于政务的问题。孔子说："不追求快速，不盯着小利。想要快速反而达不到目的，盯着小利就做不成大事。"

【释】

"欲速则不达"，因为求快就容易草率，导致中途遭受波折。"无见小利"，因为只顾小利就容易缺乏大局观，大事就容易搞砸。

13.18叶公语孔子曰："吾党有直躬者，其父攘羊，而子证之。"孔子曰："吾党之直者异于是：父为子隐，子为父隐。直在其中矣。"

【译】

叶公告诉孔子说："我家乡有个叫'躬'的正直人，他的父亲偷了羊，他作为儿子告发了此事。"孔子说："我家乡的正直人与此不同：父亲为儿子隐瞒，儿子为父亲隐瞒。正直就在这里面了。"

【释】

孔子认为，亲子关系是基于血缘的人伦基础，因而父子相隐是人最基本的正常反应，这符合自然的人性。而若一个人不顾亲子之情而告发父亲，则要么极其蠢笨，要么别有用心，这就不是"直"了。孔子并不认为偷盗是正确的，他也说"事父母几谏"（4.18），如此则可知父子相隐的目的并非纵容错误，而是为了保护人类最基本的伦理。孔子所理解的"直"，是立足于人的本心本性的。

"证"，《说文》解释为"告"，告发，检举。"躬"，人名。高诱说，"躬，盖名，其人必素以直称者，故称直躬"。

13.19 樊迟问仁。子曰："居处恭，执事敬，与人忠。虽之夷狄，不可弃也。"

【译】

樊迟问关于"仁"的问题。孔子说："平常在家，整肃恭谨；在外做事，恭肃认真；结交他人，忠实尽心。即使到夷狄之地，这三条也不能背弃。"

【释】

这几条是孔子针对樊迟，从生活实践角度来回答的。《说文》把"恭""敬"都解释为"肃"，意思相近，但结合《论语》他处来看，如"貌思恭""事思敬"（16.10），可知"恭"大约侧重于体貌，"敬"侧重于行为。

13.20 子贡问曰："何如斯可谓之士矣？"子曰："行己有耻，使于四方不辱君命，可谓士矣。"曰："敢问其次。"曰："宗族称孝焉，乡党称弟焉。"曰："敢问其次。"曰："言必信，行必果，硁硁然小人哉！抑亦可以为次矣。"

曰："今之从政者何如？"子曰："噫！斗筲之人，何足算也！"

【译】

子贡问道："怎样才可以叫作士呢？"孔子说："把持自己有羞耻心，出使四方诸侯国不辱没国君交付的使命，就能叫作士了。"子贡说："斗胆请问次一等的。"孔子说："宗族称赞他孝顺父母，同乡称赞他尊敬兄长。"子贡说："斗胆请问再次一等的。"孔子说："言语必定信实，行为必求结果，这是固执地贯彻自己想法的小人啊。但也可以算是再次一等的士了。"

子贡说："现在的从政者怎么样？"孔子说："噫！这些是用斗筲聚敛财物的人，哪能数得上他们呢？"

【释】

"言必信，行必果"，是指因缺乏见识而过于固执，一根筋走到底。但这种人毕竟还有自己的坚持，仍有可取之处，所以可算作最低等的"士"。

"斗筲"，斗和筲均为盛物之器，引申为聚敛财物。一般把"斗筲"解释为比喻度量和见识的狭小，这不贴切。首先这种解释距本义太远；其次若说度量见识狭小，则"言必信，行必果"者也是，如此则与文意不合。

13.21 子曰："不得中行而与之，必也狂狷乎！狂者进取，狷者有所不为也。"

【译】

孔子说："假如找不到行为符合中庸的人来交往，那就必定只能跟狂者、狷者相交往了。狂者进取有为，狷者有所不为。跟这两种人都有交往，能帮助我们理解怎样才是中庸的。"

【释】

"狂"与"狷"是两种对立的品质，前者进取，弊在冒进；后者拘谨，流于退缩。孔子认为，中行就是不偏于狂，也不偏于狷；审视"狂"与"狷"，能让我们推测性地理解"中行"是怎样的。为使文意显明，译文最后补充了一句。

13.22 子曰："南人有言曰'人而无恒，不可以作巫医'。善夫！"
"不恒其德，或承之羞。"子曰："不占而已矣。"

【译】

孔子说："南方人有句话说，'人若没有恒心，不能够做巫医'。这句话很好呀！"

《易》的爻辞说："不能使其心意恒定，有时会蒙受羞耻。"孔子说："它的意思只是说，无恒心的人不要占卦。"

【释】

本章是讲"恒"。有恒才能做成事情，无恒可能遭受耻辱。

"占"预测做事的吉凶，而无恒之人有始无终，做不成事，也就谈不上预测事情的吉凶，这就是孔子为什么说"不占"。

13.23 子曰："君子和而不同，小人同而不和。"

【译】

孔子说："君子讲求和谐但保持有别于他人的独立性，小人只求完全一致但缺乏和谐。"

【释】

和谐是必需的，但不能构成对个体和个性的抹杀。人与人不同，所以君子"和而不同"，这是尊重事实符合事理的。"小人同而不和"则是违背事理的，因为完全的"同"是做不到的，只求与别人完全一致也必定导致不讲是非不讲原则。为什么小人"不和"呢？因为他们在跟他人强行求同之时是有私心求私利的，跟他人之"同"也只是表面的或策略性的，与他人的真正和谐是不可能的。

13.24 子贡问曰："乡人皆好之，何如？"子曰："未可也。""乡人皆恶之，何如？"子曰："未可也。不如乡人之善者好之，其不善者恶之。"

【译】

子贡问道："乡人都喜欢他，此人如何？"孔子说："不能认可。"子贡又问："乡人都憎恶他，此人如何？"孔子说："也不能认可。那两种人不如这种人：乡人中的善人喜欢他，乡人中不善的人憎恶他。"

【释】

全体乡人都喜欢，此人必定具有欺骗性。全体乡人都憎恶，此人必定有不为大家所了解或被误解的地方。在正常情况下，一个人不可能赢得所有人的赞叹，也不会招致所有人的憎恨。假如一个人"乡人之善者好之，其不善者恶之"，则说明他是好人，有原则讲是非，这才是值得肯定的。

13.25 子曰："君子易事而难说也。说之不以道，不说也；及其使人也，器之。小人难事而易说也。说之虽不以道，说也；及其使人也，求备焉。"

【译】

孔子说："对于一位君子来说，容易为他办事，但难以取悦他。不用'道'去取悦他，他是不会舒心的；但当他用人办事的时候，他会把人当作'器'（特定工具）来使用，而不会面面俱到提要求。对于一个小人来说，难以为他办事，却容易取悦他。不用'道'去取悦他，他也会舒心；但当他用人办事却会求全责备，要求办事的人像'道'那样无所不能。"

【释】

"道"和"器"是相对的概念，所以翻译做了相应的处理，以使文意显豁。君子在事功方面有知人之智，故能用即可；在境界方面有独守之道，故难以取悦。小人与此相反。

本章中的"说"，作形容词时，解释为"舒心"（参见1.1的解释）；作使动词时，则解释为"使之舒心"，即"取悦"。

13.26 子曰："君子泰而不骄，小人骄而不泰。"

【译】

孔子说："君子宽坦而不傲慢，小人傲慢而不宽坦。"

【释】

君子内心是宽坦的、稳定的，因而他待人接物，既不会傲慢，也不会谄媚；小人内心并不稳定宽坦，因而他对人既有可能傲慢，也有可能谄媚。

按："泰"，大，更多具有广大宽坦的含义；"骄"，《说文》说"马高六尺为骄"，更多具有高傲骄矜的含义。前者是横向的，后者是纵向的，二者有对比关系。

13.27 子曰："刚、毅、木、讷，近仁。"

【译】

孔子说："坚定、果决、朴实、慎重，这些品质接近于'仁'。"

【释】

"刚""毅"侧重于内在精神力量的强健，"木""讷"侧重于外显的气质言行的朴实。根据句意，这两个方面四种品质兼具，才接近于"仁"。参照"仁者乐山"（6.23）或许能更好地理解本章内涵，这四种品质均具有类似于山的特性。

13.28 子路问曰："何如斯可谓之士矣？"子曰："切切偲偲，怡怡如也，可谓士矣。朋友切切偲偲，兄弟怡怡。"

【译】

子路问道："怎样做才能够称为士呢？"孔子说："互相恳切督促，相处和气舒服，就能叫作士了。同学同道之间要互相恳切督促，兄弟之间相处要和气舒服。"

【释】

子路问"士"，到"可谓士矣"已经完成了回答。最后两句是孔子的进一步解答，可见孔子对子路引导的耐心。"切切偲偲"，恳切责善的样子。"怡怡如"，和顺舒适的样子。

13.29 子曰："善人教民七年，亦可以即戎矣。"

【译】

孔子说："善人教导民众七年，民众也就能够参与军事了。"

【释】

本章可见，孔子并不反对用军事手段解决问题。问题不在于使用武力，而在于使用武力在道德上是不是"善"的，行使武力者是野蛮的还是经由教化而变得文明的。"即戎"，从军作战。"即"，就，到。"戎"，兵戎，战事。

13.30 子曰："以不教民战，是谓弃之。"

【译】

孔子说："把未经教导的民众投入战争，这就叫抛弃民众。"

【释】

本章是说统治者要爱惜民众生命，不可不经教导而让民众投入战争。

本章当与上一章互参。两章都提及战争与"教民"，且上一章还提及"教民"的乃是"善人"，因而所谓"教"，应既包括教民习战事，也包括教民以礼义。也就是说，孔子认为人民需要习得战争的技能，同时须具备礼义的思想——他反对不义的战争，反对把战争变成野蛮的杀戮。

14.1 宪问耻。子曰："邦有道，谷；邦无道，谷。耻也。"

"克、伐、怨、欲不行焉，可以为仁矣？"子曰："可以为难矣，仁则吾不知也。"

【译】

原宪问什么是羞耻。孔子说："国家有道，拿俸禄；国家无道，也拿俸禄。这就是羞耻。"

原宪又问："好胜、自夸、怨恨、贪欲都不再表现出来了，可以算做到'仁'了吧？"孔子说："这可以说是难得的，至于是不是'仁'，我不知道。"

【释】

"邦无道，谷"，这是贪图俸禄，没有原则和底线，因而是可耻的。

"克、伐、怨、欲"这几种情形都不再表现出来了，这代表个人修养很高，这是很难做到的，但孔子认为这本身还不是"仁"。因为消除"克、伐、怨、欲"是偏于自我克制的修养；而"仁"则在"克己"之外还要"复礼"，还要"爱人"，孟子也说要"亲亲而仁民，仁民而爱物"。

本章两段话的话题不同，所以分段。

14.2 子曰："士而怀居，不足以为士矣。"

【译】

孔子说："士如果留恋居家生活，就不足以做士了。"

【释】

贪图安逸，是人之常情。但假如人人都贪图安逸待在家里，社会就无法运转。士对社会负有责任，因而必须出来为社会服务。士的自身价值也只能在社会中实现，因而不能去贪恋舒适的家庭生活。

14.3 子曰："邦有道，危言危行；邦无道，危行言孙。"

【译】

孔子说："国家有道之时，要说高尚的话，做高尚的事；国家无道之时，要保持行为的高尚，但说话要谦逊低调。"

【释】

孔子要求一个人必须始终保持行为的高尚。但当国家局面腐败混乱时，说话必须低调谦和，以免祸端。"危"，《说文》解释为"在高而惧也"，《论语正义》中郑玄注"危，犹高也"，则"危"的基本意思是"高"，可引申解释为高尚。《广雅》把"危"解释为"正"，即正直，以此解释本章也说得过去（各种注本多如此理解）。但"危行言孙"中的"危"与"孙（逊）"是较为明显的反义词，把"危"解释为"高"即高尚，把"孙"理解为低调即谦逊，更为妥适。

14.4 子曰："有德者必有言，有言者不必有德。仁者必有勇，勇者不必有仁。"

【译】

孔子说："有德行修为的人，必定有相应的言论；有相关言论的人，却未必有相应的德行修为。仁者必定具有勇气，勇者却未必具有仁德。"

【释】

有德行修为的人，只要讲出他的思考和领悟，那就是"有言"了。但"有言者不必有德"，他可能只有某些思考而未必付诸实践，因而谈不上德行修为。仁者必定有道德勇气，但勇者的勇气却可能是莽撞甚至是残暴的。

14.5 南宫适问于孔子曰："羿善射，奡荡舟，俱不得其死然。禹稷躬稼而有天下。"夫子不答。
南宫适出，子曰："君子哉若人！尚德哉若人！"

【译】

南宫适问孔子说："羿善于射箭，奡力气很大能推船而行，他们都死于非命。禹和稷都亲自种植庄稼，却拥有了天下。"孔子不回应。

南宫适出去后，孔子说："此人是君子啊！此人崇尚道德啊！"

【释】

崇尚武力的，不得好死；发展民生的，拥有天下。在孔子看来，禹、稷亲自种地有益于民生，这就是利生的仁德；羿、奡以力而不得善终，使用武力杀生，这是反仁德的。南宫适这段话已经包含着恃力者亡、恃德者昌的道理，孔子认为回答将是多余的，因此他不回应。"若人"，此人，这个人。

14.6 子曰："君子而不仁者有矣夫，未有小人而仁者也。"

【译】

孔子说："一个人是君子却无仁德，这种现象是存在的；不会存在一个人是小人却有仁德的现象。"

【释】

《论语》中孔子不轻许某人有仁，本章中的"仁"，也是这个意思，是指作为最高修养境界的"仁德"。"仁德"是实际达成的修养，不是普通的"爱人"之心，不是"我欲仁，斯仁至矣"的作为道德情感的"仁"。本章中的"君子""小人"，以指有德与无德而言为宜。孔子的意思是说，有德之君子有可能但未必能达到"仁"的境界，无德之小人则绝无可能达到"仁"的境界。

14.7 子曰："爱之，能勿劳乎？忠焉，能勿诲乎？"

【译】

孔子说："爱一个人，能不为他辛劳吗？对一个人尽心，能不明白地指点他吗？"

【释】

"劳"，辛劳。如果从做事上说，就是劳力；如果从心理上说，就是劳心。"诲"，明示、教导，"晓之以破其晦"的意思。

14.8 子曰："为命，裨谌草创之，世叔讨论之，行人子羽修饰之，东里子产润色之。"

【译】

孔子说："郑国制定政令，由裨谌起草创制，由世叔研究阐发，由外交官子羽对文辞加以修改装饰，由东里子产对文本加以渲染美化。"

【释】

裨谌和世叔草创并完善内容，子羽和子产做文字功夫。"讨论"，研究而后有条理地进行阐发。"修饰"是在文辞上修改、丰富，"润色"是在表达的氛围、风格上加以渲染和美化。

14.9 或问子产，子曰："惠人也。"问子西，曰："彼哉，彼哉！"问管仲，曰："人也。夺伯氏骈邑三百，饭疏食，没齿无怨言。"

【译】

有人问子产是怎样的人，孔子说："是惠爱之人。"问子西是怎样的人，孔子说："那个呀，那个呀！"问管仲是怎样的人，孔子说："是个人物。他剥夺伯氏骈邑三百户，使伯氏失去食邑吃粗粮，但到老都没有怨恨管仲的话。"

【释】

本章是人物评论。称子产为有恩于人的"惠人"，称管仲为手段高明的"人"，而称子西则避开了"人"字，"彼哉，彼哉"表示轻视，不值得评论。

14.10 子曰："贫而无怨难，富而无骄易。"

【译】

孔子说："贫穷却没有怨恨，难以做到；富有而不傲慢，容易做到。"

【释】

本章讲的是心态问题。贫穷则渴望物质上有所得，生存焦虑极容易引发怨恨心理；富有则对物质需求并不紧迫，仓廪实而知礼仪，"无骄"就相对容易做到。

14.11 子曰："孟公绰为赵、魏老则优，不可以为滕、薛大夫。"

【译】

孔子说："孟公绰担任赵氏、魏氏的家臣才力是有余的，但不能担任滕、薛这种小国的大夫。"

【释】

本章也是人物评论，似乎是说孟公绰具有一定的管理能力，但政治能力有限。"老"，大夫家臣。"优"，饶，有余裕。

14.12 子路问成人。子曰："若臧武仲之知，公绰之不欲，卞庄子之勇，冉求之艺，文之以礼乐，亦可以为成人矣。"曰："今之成人者何必然？见利思义，见危授命，久要不忘平生之言，亦可以为成人矣。"

【译】

子路问怎样才能成为人格完备的人。孔子说："如果具有臧武仲的聪明，公绰的克制，卞庄子的勇敢，冉求的技能，再用礼乐加以修饰，也就可以算人格完备了。"孔子又说："现在的人格完备何必一定要达到这样的境界呢？见到财利能够想到是否正当，见到危险能够交给命运决定，长期被压抑还能不忘自己平生说过的话，也就可算是人格完备的人了。"

【释】

本章谈人格完备，孔子的回答分为两段。前一段是孔子所认为的理想人格；后一段是退而求其次，根据当前现实来谈人格的完备。"要"读为"约"，约束，抑制。"见危授命"，意思是敢于面对危险不逃避，把结局交付命运决定。"不忘平生之言"，是指不抛弃、不违背平生所说过的那些自勉自励、自我期许的话。

14.13 子问公叔文子于公明贾曰："信乎夫子不言、不笑、不取乎？"公明贾对曰："以告者过也。夫子时然后言，人不厌其言；乐然后笑，人不厌其笑；义然后取，人不厌其取。"子曰："其然。岂其然乎？"

【译】

孔子向公明贾问到公叔文子，说："公叔文子不说、不笑、不取钱财，确实如此吗？"公明贾回答说："把这话告诉你的人弄错了。公叔文子到合适的时机然后才说话，因此别人不厌烦他说话；他感到愉悦之后才笑，因此别人不厌烦他笑；他认为获得财利是正义的然后才去获取，因此别人不厌烦他获取。"孔子说："原来是这样啊。难道是这样吗？"

【释】

一个人总是"不言、不笑、不取"是不可能的，所以孔子有此一问。公明贾的解释，意思是说，公叔文子并非总是不言、不笑、不取，只不过他的言、笑、取，是以很高的要求作为前提。

"其然"是对公明贾这段解释的回应，意思是听到公明贾的解释了。"岂其然乎"是对这解释的质疑，孔子怀疑公叔文子是否真能如此。

14.14 子曰："臧武仲以防求为后于鲁，虽曰不要君，吾不信也。"

【译】

孔子说："臧武仲在鲁国凭借防邑请求国君确立他自己的继承人，虽然有人说他不是要挟国君，但我不认为这说法信实可靠。"

【释】

本章是人物评论，孔子认为臧武仲有要挟国君之嫌。"防"，臧武仲的封邑。臧武仲想让后代作为自己的继承人食邑于防，这是臧武仲对鲁国国君提出的请求。"信"，以为信，认为可靠。

14.15 子曰："晋文公谲而不正，齐桓公正而不谲。"

【译】

孔子说："晋文公善变而不正直，齐桓公正直而不善变。"

【释】

"谲"，权诈，善变多诈。晋文公和齐桓公均为春秋时代的霸主，晋文公称霸后召见周天子，齐桓公以"尊王"的旗号而称霸。齐桓公的做法比较符合"礼乐征伐自天子出"的礼的规定，故孔子对他有"正"的评价。

14.16 子路曰："桓公杀公子纠,召忽死之,管仲不死。"曰："未仁乎?"子曰:"桓公九合诸侯不以兵车,管仲之力也。如其仁,如其仁。"

【译】

子路说:"齐桓公在争位时杀死了公子纠,同为公子纠的臣属,召忽为此死去,管仲却没有死(且后来反而归服于齐桓公)。"子路接着问:"管仲没有做到仁吧?"孔子说:"桓公多次召集各诸侯会盟而不使用武力,这是管仲的功劳啊。这是他近于仁的地方,这是他近于仁的地方。"

【释】

作为公子纠的家臣,管仲没有为公子纠牺牲反而归服其前任主人的政敌,这是不忠不信。孔子的观念似乎是,要动态地看人生,看他后续行为如何;要分清主次评价人物,看人物要识大体。孔子说过"君子贞而不谅"(15.37),意思就是大道不可含糊,而小信不必拘泥。离开大仁大义大原则去讲"信",未必是恰当的。

14.17 子贡曰:"管仲非仁者与?桓公杀公子纠,不能死,又相之。"子曰:"管仲相桓公,霸诸侯,一匡天下,民到于今受其赐。微管仲,吾其被发左衽矣。岂若匹夫匹妇之为谅也,自经于沟渎而莫之知也。"

【译】

子贡问:"管仲不是仁人吧?桓公杀了公子纠,管仲不能为公子纠去死,反而又辅佐桓公。"孔子说:"管仲辅佐桓公,称霸诸侯,匡正天下,民众到今天还受着他的恩惠。如果没有管仲,我们恐怕会被夷狄征服，像夷狄那样披头散发、衣襟左开了。管仲怎能像凡夫俗妇那样恪守小信，在沟渠里自杀而无人知道呢？"

【释】

本章和上一章都是评价管仲，《论语》其他章节也提及管仲，看来孔子弟子相当关注管仲，孔子本人也深知管仲。本章要点是：要讲大义，有大功德，有利于广大人群；管仲未必是仁者，但大人物不必拘泥小信，要谋求更大的生命价值。

14.18 公叔文子之臣大夫僎与文子同升诸公。子闻之，曰："可以为'文'矣。"

【译】

公叔文子的家臣僎跟文子本人一起，同升于公室担任大夫。孔子听到这事，说："（公叔文子死后）可以谥为'文'了。"

【释】

根据孔注，公叔文子的家臣僎是经过公叔文子推荐而成为大夫的，公叔文子可谓敬直慈惠，孔子认为公叔文子谥为"文"是合理的。

毛奇龄认为"臣大夫"三字不分，"臣大夫即家大夫也"，杨伯峻引《后汉书》李贤注"文子家臣名僎"，证明唐初人不以"臣大夫"为一词。其实这个问题很简单，本章是后来的记载，"僎"是人名，当初的身份是"臣（家臣）"，并不是大夫，但做了大夫后，应称为"大夫僎"，后来的记载者把前后两种身份混同起来，故记录为"公叔文子之臣大夫僎"。"升诸公"，升于公室。

14.19 子言卫灵公之无道也，康子曰："夫如是，奚而不丧？"孔子曰："仲叔圉治宾客，祝鮀治宗庙，王孙贾治军旅。夫如是，奚其丧？"

【译】

孔子讲到卫灵公的无道，季康子说："既然如此，为什么他没有失位亡国呢？"孔子说："他有仲叔圉管理接待宾客的事务，有祝鮀管理宗庙祭祀的事务，有王孙贾管理军队的事务。像这样，怎么会失位亡国呢？"

【释】

本章讲人才的重要性。国家事务是系统性的，即使国君昏庸无道，但只要有人才管理好主要事务，系统亦不致崩溃。"丧"，失位亡国。

14.20 子曰："其言之不怍，则为之也难。"

【译】

孔子说："说话不知愧疚（于是说大话），那么践行这些话将是困难的。"

【释】

夸海口容易，做到很难。"怍"，惭愧。

14.21 陈成子弑简公。孔子沐浴而朝，告于哀公曰："陈恒弑其君，请讨之。"公曰："告夫三子。"

孔子曰："以吾从大夫之后，不敢不告也。君曰'告夫三子'者！"之三子告，不可。孔子曰："以吾从大夫之后，不敢不告也。"

【译】

陈成子杀了齐简公。孔子沐浴之后去朝见，报告鲁哀公说："陈恒杀了他的国君，请求出兵讨伐他。"哀公说："你去报告那三位大夫吧。"

孔子退出朝堂后，说："因为我曾经跟在大夫后面做过事，所以不敢不报告啊。国君却说'你去报告那三位大夫吧'！"

孔子到三位大夫那里报告，但未被认可。孔子说："因为我曾经跟在大夫后面做过事，所以不敢不报告啊。"

【释】

本章表现了孔子的责任心和维持"礼"的努力。他遭到哀公的婉拒，又遭到三位大夫的拒绝，心里当是委屈无奈的。

14.22 子路问事君。子曰："勿欺也，而犯之。"

【译】

子路问怎样侍奉国君。孔子说："不要欺骗，但要犯颜直谏。"

【释】

"勿欺也，而犯之"，是"忠信"在君臣关系上的具体表现。"勿欺"与"犯"之中，均既有"忠"也有"信"。"犯"，犯颜诤谏。

14.23 子曰："君子上达，小人下达。"

【译】

孔子说："君子向上通达高深的道理，小人向下通达表浅的事物。"

【释】

关于"上达""下达"何所指，这里并不明确。这两个方面是相反的：若上达者是道，则下达者是器；若上达是向上长进，则下达是向下沉沦。

14.24 子曰："古之学者为己，今之学者为人。"

【译】

孔子说："古代的学习者是为了提升自己，现在的学习者是为了向别人展示。"

【释】

学习是生命的自我提振，而不是为了向人炫耀。

14.25 蘧伯玉使人于孔子。孔子与之坐而问焉，曰："夫子何为？"
对曰："夫子欲寡其过而未能也。"
使者出。子曰："使乎！使乎！"

【译】

蘧伯玉派人到孔子那里。孔子给他座位让他坐下，然后问他说："夫子派你来干什么？"那人回答说："夫子想要减少自己的过失但未能做到。"

被派来的那个人出门离开。孔子说："是该派来啊！是该派来啊！"

【释】

蘧伯玉为了减少自己的过失而派人来访问孔子，这完全符合孔子"过则勿惮改"的主张，所以孔子对蘧伯玉派人来访的做法大加赞叹。上述理解跟前人不同，前人多以为文末的两个"使乎"是赞叹使者之善辞令（这在原文中实际上看不出来），我以为是赞叹蘧伯玉之急于改过。蘧伯玉是以深知自己不足而著名的人，据称他"年五十而知四十九年非"。

14.26 子曰："不在其位，不谋其政。"曾子曰："君子思不出其位。"

【译】

孔子说："不在那个职位，就不要去谋划该由那个职位上的人处理的政务。"曾子说："君子考虑如何处理政务，不会越过自己的职位范围。"

【释】

"不在其位，不谋其政"，意思是处理政务不能越位，要摆正自己的位置。各负其责，各司其职，不该自己处理的政务，不要去谋划干预。越位不但无用，反而有害。

14.27 子曰："君子耻其言而过其行。"

【译】

孔子说："君子对他所说的超过所做的感到羞耻。"

【释】

《论语》中多次谈及言与行的关系，孔子希望人们少说多做，不要多说少做、只说不做，也不要夸大其词言过其实。

14.28 子曰："君子道者三，我无能焉：仁者不忧，知者不惑，勇者不惧。"子贡曰："夫子自道也。"

【译】

孔子说："君子之道的三个方面，我未能做到：仁者不会忧虑，智者不会迷惑，勇者不会畏惧。"子贡说："这是老师在表达他自己啊。"

【释】

孔子认为自己还没有达到不忧、不惑、不惧的境界，子贡认为孔子已经是仁者、智者和勇者了。孔子自是谦虚，子贡自有崇拜，而两人的话都是真实的。

14.29 子贡方人。子曰："赐也贤乎哉？夫我则不暇。"

【译】

子贡议论别人。孔子说："赐啊，你很能干吧？我没闲暇去评论别人的短长。"

【释】

说人是非者，便是是非人。孔子语带讽刺，这番话的意思是，说人是非有害无益，应把时间用在正确的地方。"方"，比方，议论。

14.30 子曰："不患人之不己知，患其不能也。"

【译】

孔子说："不要担忧别人不了解自己，要担忧自己没有能力。"

【释】

孔子的意思是反求诸己，求人不如求己。

14.31 子曰："不逆诈，不亿不信，抑亦先觉者，是贤乎！"

【译】

孔子说："不预先料想别人会欺诈，不凭空猜测别人不信实，然而如果别人欺诈和不信实却能率先察觉，这就很好啊！"

【释】

孔子的意思是说，做人要做忠厚人，怀有善意；同时也要做明白人，不被蒙蔽。一要忠厚，有善意；二要聪敏，有知人之智。"亿"，同"意"，意度，臆想。"贤"，善。

14.32 微生亩谓孔子曰："丘何为是栖栖者与？无乃为佞乎？"孔子曰："非敢为佞也，疾固也。"

【译】

微生亩对孔子说："孔丘，你为什么这样忙忙碌碌四处游说呢？不就是要表现你的口才吗？"孔子说："我不是敢于展现口才，只是厌恨世道固陋。"

【释】

孔子说他之所以忙碌不休四处游说，是为了找到机会去改变这鄙陋的社会。"栖栖"，忙碌，不遑休息的样子。

14.33 子曰："骥，不称其力，称其德也。"

【译】

孔子说："对于千里马，不要称赞它的气力，而要称赞它的德行。"

【释】

这是比喻，"骥"即千里马，比喻人才。本章的意思是，对于人才，不需要赞美他的才干（因其必有），而应看重他的品德（因其或无）。

14.34 或曰："以德报怨，何如？"子曰："何以报德？以直报怨，以德报德。"

【译】

有人说："用恩德来回应仇怨，怎么样？"孔子说："如果这样，那用什么来回报别人的恩德呢？应该用公平对等来回应与别人的仇怨，用恩德来回报别人的恩德。"

【释】

孔子显然反对"以德报怨"，他认为必须公平。"以直报怨"和"以德报德"，才不会违背符合正义的公平原则。

14.35 子曰："莫我知也夫！"子贡曰："何为其莫知子也？"子曰："不怨天，不尤人。下学而上达，知我者其天乎！"

【译】

孔子说："没有人了解我啊！"子贡说："为什么说没有人了解您呢？"孔子说："我命途不顺，不怨恨天；世途不顺，不责怪人。我向下学习关于人的知识却能向上通达关于天的道理，了解我的大概只有天吧！"

【释】

根据上下文，孔子主要谈论的对象是人和天，所以把"下学"

理解为学习"关于人（社会）的知识"，把"上达"理解为通达"关于天（天道）的道理"。关于"天"的知识是不可能直接学习得到的，孔子是通过对形而下的人生的理解，进而领悟出形而上的"天命"的。学而至于知天，难与人言，故孔子说人莫知我，唯天知我。

14.36 公伯寮愬子路于季孙。子服景伯以告，曰："夫子固有惑志于公伯寮，吾力犹能肆诸市朝。"子曰："道之将行也与，命也；道之将废也与，命也。公伯寮其如命何？"

【译】

公伯寮向季孙告发子路。子服景伯把这事告诉了孔子，并且说："季孙氏确实被公伯寮弄得神志糊涂了，我的能力还能杀掉公伯寮让他陈尸于市集。"孔子说："道将得以推行呢，是天命；道将被废弃呢，也是天命。公伯寮能把天命怎么样呢？"

【释】

孔子认为，"道"能否推行在天命而不在人为，他含蓄地制止子服景伯去杀掉公伯寮，在孔子看来杀掉公伯寮是没有建设性的。"肆"，陈列。"市朝"，市集或朝廷。古时杀大夫于朝，杀士于市，并陈尸示众。

14.37 子曰："贤者辟世，其次辟地，其次辟色，其次辟言。"子曰："作者七人矣。"

【译】

孔子说："最好的，避开混乱的社会；次等的，躲到混乱社会中相对安稳的地方；再次等的，避开别人难看的脸色；再次一等的，回避别人难听的话。"孔子又说："这样做的已有七个人了。"

【释】

孔子这里讲如何在混乱的时代里为人处世。最彻底的逃避是远离社会去隐居，但人是社会性动物，很难脱离社会，能隐居者毕竟是极少数。三个"其次"是说在不隐居的情况下该如何维护安全与尊严。"作者七人"，寥寥数人而已，意味着要做到这些其实是很不容易的。七人，大概是伯夷、叔齐、虞仲、夷逸、朱张、柳下惠、少连七位"逸民"（参见18.8）。

14.38 子路宿于石门。晨门曰："奚自？"子路曰："自孔氏。"曰："是知其不可而为之者与？"

【译】

子路在石门过夜。(第二天早晨)看门人问子路："从哪里来？"子路说："从孔氏那里来。"看门人说："是明知不会被认可却依然坚持去做的那个人吗？"

【释】

"知其不可而为之"，表现了孔子锲而不舍的执着精神，也说明了孔子之道在当世不被认可的现实。从看门人的话中，可以见出当时普通人对孔子的看法。"晨门"，司门吏，城门晨开昏闭，故曰晨门。"可"，认可，认同。

14.39 子击磬于卫，有荷蒉而过孔氏之门者，曰："有心哉，击磬乎！"既而曰："鄙哉，硁硁乎！莫己知也，斯己而已矣。'深则厉，浅则揭。'"子曰："果哉！末之难矣。"

【译】

孔子在卫国时，敲着磬，有人挑着草筐路过他的门前，说："敲磬的人有心思啊！"然后又说："这磬声硁硁地响，粗俗啊！没有人了解你自己，就只管自己算了。（就如《诗》所说，好像涉水）'水深就踩着水底的石头过去，水浅就提起衣服过去'。"孔子说："这话是说到底了啊！我没有可责难他的了。"

【释】

"深则厉，浅则揭"是《诗经》中的诗句，本章中是比喻，譬如涉水，水深则管不了衣服湿不湿，比喻社会很难改变只得听之任之；水浅则尚有保持衣服不湿之可能，比喻社会还有清洁自守的空间，使自己免于沾染污秽。荷蒉者认为孔子热心于改革社会是不明智的，以此告诫孔子。孔子最后的话表明，他行道于天下的追求不同于荷蒉者，但他同意荷蒉者对社会很难变好的判断，可见孔子内心实有深沉的失望与痛苦。"厉"，本指粗粝的石头，这里指踩着石头。"揭"，揭衣，提起衣服。"果"，植物的果实，引申为完成和结束。

14.40 子张曰："《书》云'高宗谅阴，三年不言'，何谓也？"子曰："何必高宗，古之人皆然。君薨，百官总己以听于冢宰三年。"

【译】

子张说："《尚书》上说'高宗住在居丧的房屋内，三年不开口说话'，这是什么意思？"孔子说："哪里一定是高宗，古人都这样。国君死了（继位的国君在三年居丧期间不谈政事），百官总括自己所有的职事，听命于冢宰三年。"

【释】

本章说古代的孝礼，即使国君也不能例外。"谅阴"，郑玄说"谅阴"本作"梁闇"，是孝子居丧时所住的房子。"总"，《说文》："总，聚束也。""总己"，汇聚自己的所有事务。

14.41 子曰："上好礼，则民易使也。"

【译】

孔子说："在上位的人喜好礼，那么民众就容易驱使了。"

【释】

本章说礼对于统治者的好处。礼的本质是合理有序，无论地位高低，人们都希望社会运行有序。在上位的人喜好礼、重视礼、遵守礼，那么在下位的民众就会乐意根据礼的要求被驱使。

14.42 子路问君子。子曰："修己以敬。"曰："如斯而已乎？"曰："修己以安人。"曰："如斯而已乎？"曰："修己以安百姓。修己以安百姓，尧舜其犹病诸？"

【译】

子路问关于君子的问题。孔子说："用严肃恭敬的态度修身。"子路说："这就够了吗？"孔子说："修身来使身边的人都安定。"子路说："这就够了吗？"孔子说："修身使所有百姓都安定。修身而使所有百姓都安定，尧舜在这个方面大概都有不足吧？"

【释】

孔子认为，修身是立身处世和管理政事的关键，通过修身来使亲友安定，乃至于使全体民众都得到安定，这是至高的境界。不难看出，孔子所讲的修身相通于齐家治国平天下。"修己"，修身，使自己变得更好。"人"，本章是指身边的、关系亲近的人（相对于下文的"百姓"而言），孔注说是指"朋友九族"。

14.43 原壤夷俟。子曰："幼而不孙弟，长而无述焉，老而不死，是为贼。"以杖叩其胫。

【译】

原壤叉开双腿坐着等待孔子。孔子到了，说："年幼的时候不谦逊恭顺，成年后又没有什么可称述的成就，老而不死白吃粮食，这是残害人生和社会。"说完，孔子用手杖敲打原壤的小腿。

【释】

前人多把"夷俟"解释为蹲踞以待。"夷"同"跠"，《广雅》说"跠"就是"踞"的意思。"俟"，待。"夷俟"是无礼的姿态。"夷俟"二字叠韵，有可能是单纯词。"孙弟"，即"逊悌"。"贼"，害。

14.44 阙党童子将命。或问之曰："益者与？"子曰："吾见其居于位也，见其与先生并行也。非求益者也，欲速成者也。"

【译】

阙党的一个童子来传话。有人问孔子说："这童子是个寻求进步的人吗？"孔子说："我看见他不该有位置而坐在位置上，又看见他同长辈并排着走路。他不是寻求进步的人，是只顾尽快完事的人。"

217

【释】

本章的意思是：办事不能只图完事，要符合礼的要求，合礼合规地做事。

"阙党"，《荀子》说"仲尼居于阙党"，孔子所居之地。"将命"，带着吩咐，指传话。"益"，进益，进步。"居于位"，按礼，童子隅坐，无位，居于位是失礼。"先生"，先于己所生。"成"，就，指办完事情。

15.1 卫灵公问陈于孔子。孔子对曰："俎豆之事，则尝闻之矣；军旅之事，未之学也。"明日遂行。

【译】

卫灵公向孔子问军队列阵的问题。孔子回答说："礼仪方面的事情，我曾经听说过；用兵打仗的事，我没有学习过。"第二天孔子就离开了卫国。

【释】

表面上看是孔子对军事不感兴趣，实际上是表达政治先于军事的思想。孔子认为以礼治国、内政修明才是治国理政的根本，这跟卫灵公不投机，所以他次日就离开了卫国。"陈"，即"阵"。"俎"和"豆"都是盛肉食的器皿，行礼时常用。

15.2 在陈绝粮，从者病，莫能兴。子路愠见曰："君子亦有穷乎？"子曰："君子固穷，小人穷斯滥矣。"

【译】

孔子在陈国断了粮食，随行的人疲惫不堪，无人能有力气站起来。子路气闷，来见孔子，说：“君子也会有这样的困境吗？”孔子说：“君子在困境中坚守他平素的坚持，小人一遇困境就会失控。”

【释】

孔子的话是对子路的回应和批评。“滥”，流水漫溢，引申为失去节制，失控。

15.3 子曰：“赐也！女以予为多学而识之者与？”对曰：“然，非与？”曰：“非也。予一以贯之。”

【译】

孔子说：“赐啊！你以为我是学习得多并具备辨识能力的那种人吗？”子贡回答说：“对啊，不是吗？”孔子说：“不是的。我是用一个根本的东西把各种事物与现象贯通起来。”

【释】

这是孔子认识论的重要部分，他认为关键是处理好“一”与“多”的关系。很显然，孔子确实是“多学而识之”的，但他认为这不是要点，要点是能发现事物之间的普遍联系，找到规律，做到“一以贯之”。“多学而识之”，这是聪明；“一以贯之”，则是智慧。

15.4 子曰：“由！知德者鲜矣。”

【译】

孔子对子路说：“由！懂得德的人太少了。”

这是孔子提醒子路加强对"德"的了解和学习。

15.5 子曰："无为而治者其舜也与？夫何为哉？恭己，正，南面而已矣。"

【译】

孔子说："无所作为而天下太平，大概只有舜吧？他做了什么呢？只是使自己肃敬，保持正直，就这样面朝南方坐在王位上而已。"

【释】

"无为而治"是道家喜欢讲的治国方略，本章中孔子讲无为而治，并以舜为例加以赞叹。孔子讲礼治而很少讲无为而治，是因为在他那个时代无为而治是不现实的——很显然，一个混乱的时代急迫需要的不是无为而是秩序。本章中孔子说舜"恭己""正"，可见孔子观念中的"无为"也包含着礼的要求。

15.6 子张问行。子曰："言忠信，行笃敬，虽蛮貊之邦，行矣。言不忠信，行不笃敬，虽州里，行乎哉？立则见其参于前也，在舆则见其倚于衡也，夫然后行。"子张书诸绅。

【译】

子张问关于"行"的问题。孔子说："说话忠信，行事笃敬，即使到了蛮貊之国，也能通行。说话不忠信，行事不笃敬，即使在本土本乡，能行吗？站着，就仿佛看到忠信笃敬像人一样站在自己面前；坐车，就好像看到忠信笃敬像人一样靠在车辕前的横木上——达到了这种随时与'忠信笃敬'照面的境界，然后就行得通了。"子张把这些话写在衣服的大带上。

【释】

"行"，四通的大路。大路四通，则行走通达。"立则见其参于前也，在舆则见其倚于衡也"，这是把"忠信笃敬"比作人，可参于前，可倚于衡，意思是要随时和"忠信笃敬"在一起，随时提醒自己做到"忠信笃敬"。

15.7子曰："直哉史鱼！邦有道，如矢；邦无道，如矢。君子哉蘧伯玉！邦有道，则仕；邦无道，则可卷而怀之。"

【译】

孔子说："史鱼，正直啊！国家有道，他像箭一样正直；国家无道，他也像箭一样正直。蘧伯玉，君子啊！国家有道，就出仕做官；国家无道，就把自己的主张收起来藏在怀里（辞官退职）。"

【释】

本章是讲"直"与"智"。史鱼的"直"与蘧伯玉的"智"，孔子都加以赞叹；孔子许蘧伯玉为"君子"，这意味着孔子相当看重"时"，即因时而变的智慧。史鱼的"直"中未必有"智"，蘧伯玉的"智"中必定有"直"——无论有道或无道，蘧伯玉的价值标准是一致的，他对政治昏暗采取了不服从、不合作的态度，这就是"直"；他"卷而怀之"，能使自己在无道之时免于危险，这就是"智"。

15.8 子曰："可与言而不与之言，失人；不可与言而与之言，失言。知者不失人，亦不失言。"

【译】

孔子说："可以同他说话却不同他说话，这就错过了对的人；不可同他说话却同他说话，这就是说错了话。智者既不错过对的人，也不会说错话。"

【释】

本章讲的是，说话要看对象。

15.9 子曰："志士仁人，无求生以害仁，有杀身以成仁。"

【译】

孔子说："志士仁人，没有为求活命而损害仁的，但有牺牲自己来成全仁的。"

【释】

本章讲的不是对所有人的要求，只是对"志士仁人"的要求。凡有志气和有仁德的人，没有为了求生而失德的，只有以自我牺牲来争取真理的。如果不这样做，也就泯然众人，算不上"志士仁人"了。

15.10 子贡问为仁。子曰："工欲善其事，必先利其器。居是邦也，事其大夫之贤者，友其士之仁者。"

【译】

子贡问怎样实践仁。孔子说："工匠想把他的事情做好，必须首先磨砺他的工具使其好用。住在这个国家，就要侍奉这个国

223

家大夫中的贤良者，并使那些具有仁心的士人成为自己的同道。"

【释】

本章是说，要想做成事，必须首先促成使此事成功的条件；团结那些有才能和品质高尚的人，这是在一个国家做成事的前提条件。"利"，同"厉"，磨砺，使之利。古本或作"厉"，《汉书·梅福传》引作"厉其器"。

15.11 颜渊问为邦。子曰："行夏之时，乘殷之辂，服周之冕，乐则《韶》舞。放郑声，远佞人——郑声淫，佞人殆。"

【译】

颜渊问治理国家的问题。孔子说："用夏代的历法，坐殷代的车子，戴周代的礼帽，奏《韶》的舞乐。舍弃郑国的乐曲，疏远善于巧言的人，因为郑国的乐曲浮靡滥情，善于巧言的人行事懈怠。"

【释】

据说夏代的历法方便于农业生产，殷代的车子自然朴质，周代的礼帽能体现礼的庄严，《韶》乐美善兼具，所以孔子这样说。这番话包含着重视生产、重视节俭、重视礼仪、重视审美趣味纯正等多重含义。"《韶》舞"，《韶》是舜时的舞乐，孔子认为是尽善尽美的。

"郑声淫"，会妨碍情感的朴实真诚；"佞人殆"，能言善辩者常会偷懒耍滑。无论官民，情感不诚，做事偷懒，都是"为邦"大忌。

15.12 子曰："人无远虑，必有近忧。"

【译】

孔子说："一个人若无长远的打算，一定是因为他有眼前的忧患。"

【释】

孔子的意思是说，一个人无暇顾虑长远，是因为他急于面对眼前的忧患。忧患迫在眉睫，人会本能地想要立即解决，此时他不会也不需要考虑长远。这个翻译跟传统的理解并不相同，请读者深思。传统的理解是费解的，因为即使没有长远的考虑，也未必会有忧患近在眼前。

经验告诉我们，几乎所有心智正常的人都会自觉不自觉地考虑未来，在这个意义上说，人们或多或少都是有"远虑"的。区别仅在于这些"远虑"是否明智，如是而已。孔子并非强调人要"远虑"，他的意思是说"近忧"会妨碍"远虑"，因其更为急迫。

15.13 子曰："已矣乎！吾未见好德如好色者也。"

【释】

已见于《子罕第九》（9.18）。

15.14 子曰："臧文仲其窃位者与！知柳下惠之贤而不与立也。"

【译】

孔子说："臧文仲大概是非分地取得官位的人吧！他知道柳下惠的贤良却不（举荐他）一起做官。"

【释】

孔子的意思是说，如果臧文仲是因贤良而正常获得的官位，那么他没有理由不举荐贤良的柳下惠；既然他不举荐柳下惠，则意味着他可能并不贤良。

"窃"，偷，不正当不合法地取得。"不与立"，不一起立身于官位。俞樾说："立当读为位……不与立，即不与位。"（《群经平议》）本章中前已有"位"，此处不用"位"而用"立"，似无道理，俞樾的说法有可疑处。

15.15 子曰："躬自厚而薄责于人，则远怨矣。"

【译】

孔子说："多要求自己而少要求别人，就可以远离别人的怨恨了。"

【释】

人们并不喜欢责任，因为责任会带来压力。人们并不喜欢他人对自己提要求，若被要求得较多，负担较重，就会产生抱怨乃至怨恨。"责"，责求，要求。根据"薄责"可知上文应是"躬自厚责"。古人有释"自厚"为自厚于德，此说可议，因"厚"与"薄"为反义，厚责自己与薄责他人在逻辑层面上完全一致，比解释为"自厚于德而薄责于人"更为合理。

15.16 子曰："不曰'如之何，如之何'者，吾末如之何也已矣。"

【译】

孔子说："遇事不反复审慎思考，从来不说'怎么办，怎么办'

226

的人，我对这种人不知怎么办了。"

【释】

做事草率，不动脑筋，容易把事搞错、搞砸。两个"如之何"连用，是指反复斟酌，审慎思考。为文意显豁，译文有所增添。

15.17 子曰："群居终日，言不及义，好行小慧，难矣哉！"

【译】

孔子说："同类人整天聚居在一起，话语不触及实义，喜欢运用各自的小聪明而没有集体智慧，他们想取得任何成就都很难啊！"

【释】

本章的意思是说，话语要具有实际意义，群居不能独行小慧。《说文》："群，辈也。""群居"，同类共居。"言"是能指的语言，"义"是所指的对象。"小慧"，个人的狭隘的聪明。孔子认为，浮词浪语是无法进行真实的思考的；一群人在一起该有却没有共学共研的集体智慧是不行的，各逞小聪明行事无法成事。本章的解释跟前人不同，读者须明辨。

15.18 子曰："君子义以为质。礼以行之，孙以出之，信以成之，君子哉！"

【译】

孔子说："君子把正义作为人的生命禀性。按礼的要求推行正义，用谦逊的态度表达正义，以信实的方法实现正义，这就是君子啊！"

【释】

本章讲"义"。"义"是事物自身固有的质性，此质性是事物能在世界上存在的合理依据，故可引申出合理、适宜、正义等作为价值描述的含义。道义、正义不是主观的捏造，不是外加于人的信条或原则，而是植根于人自身的内在品性，是生命本自具有的规定性。"义以为质"，"质"含有本质、质地、禀性等意思。"礼以行之，孙以出之，信以成之"三句的"之"，都是指"义"。本章译文不同于前人，请读者自行研判。

15.19 子曰："君子病无能焉，不病人之不己知也。"

【译】

孔子说："君子忧惧自己没有能力，不忧惧别人不了解自己。"

【释】

《说文》解释"病"为"疾加"，意思是重病。重病则有忧惧，程度高于担忧，故如此翻译；下一章的"疾"是泛指疾病，则译为厌恨，程度比忧惧低一点。《论语》中反复讲到这个意思，本章与1.16、4.14及14.30等章近似。

15.20 子曰："君子疾没世而名不称焉。"

【译】

孔子说："君子厌恨死亡以后他的名字不被人们称述。"

【释】

君子重名，死后不应湮没无闻，而应留下好名声。

15.21 子曰：“君子求诸己，小人求诸人。”

【译】

孔子说：“君子向自己索求，小人向别人索求。”

【释】

如果要设法得到什么，君子是向自己提要求，靠自己的能力去实现；小人则相反。譬如名声和机会，孔子说“君子病无能焉，不病人之不己知也”，这就是君子“求诸己”而不“求诸人”的表现之一。

15.22 子曰：“君子矜而不争，群而不党。”

【译】

孔子说：“君子保持自重，不与人争夺；合群，但不拉帮结派。”

【释】

“矜”是跟他人保持距离的一面，“群”是跟他人保持和谐的一面。

15.23 子曰：“君子不以言举人，不以人废言。”

【译】

孔子说：“君子不因一个人的言论而拔举他，也不因一个人为人不好而不采纳他合理的言论。”

【释】

一言以蔽之，就是实事求是。一个人言论正大，为人却未必正大；一个人为人不行，不代表他讲不出合理的意见。

15.24 子贡问曰："有一言而可以终身行之者乎？"子曰："其恕乎！己所不欲，勿施于人。"

【译】

子贡问道："有一字可以用来终身奉行的吗？"孔子说："那就是'恕'吧！自己不想要的，不要施加给别人。"

【释】

"恕"，就是以自己的心推想别人的心，也就是我们通常所说的同情心和同理心。自己不想要，则可推想别人也不想要，那么就不应施加于人，这就是"己所不欲，勿施于人"。

15.25 子曰："吾之于人也，谁毁谁誉？如有所誉者，其有所试矣。斯民也，三代之所以直道而行也。"

【译】

孔子说："我对于他人，抨击谁，赞美谁？如果有所赞美，一定先有所考验了。有这样的民众，是夏商周三代能够直道而行的原因。"

【释】

本章是说，对他人的批评和赞美都必须有依据，不能诋毁也不能虚美。如此则无所阿私，实事求是，"直道而行"。夏商周三代之所以能"直道而行"，是因为人们普遍都实事求是。"民"，民众，普通大众。

15.26 子曰："吾犹及史之阙文也。有马者借人乘之，今亡矣夫！"

【译】

孔子说："我还接触过对史书有疑处留缺不动的情况。有马的人（自己不懂用马驾车而）把马借给（懂得用马驾车的）人驾车，现在没有这种情况了。"

【释】

古代良史如果对书字有疑惑，不会擅自变动，就缺在那里，以待有识之士。这就像有马的人自己不懂用马驾车，就自己不用马而把马借给懂驾车的人去用一样。这是"知之为知之，不知为不知"的精神。"阙"，缺。"乘"，驱马驾车。

15.27 子曰："巧言乱德。小不忍则乱大谋。"

【译】

孔子说："花巧的话语会败坏德行。小处无能就会败坏全盘大计。"

【释】

"忍"有多种含义，此处依《说文》解释为"能"，在本句中用作动词。"不忍"，就是不能，无能。小处没能耐做好，大事就搞不成。这样理解是符合事理的。前句"巧言乱德"讲的是"言"的问题，后句"小不忍则乱大谋"讲的是"行"的问题。"小不忍则乱大谋"通常被理解为"小处不忍耐，就会败坏全盘大计"，也可。

15.28 子曰："众恶之，必察焉；众好之，必察焉。"

【译】

孔子说："如果大家都憎恶一个人，那就一定要明察其原因；如果大家都喜爱一个人，也一定要明察其原因。"

【释】

孔子认为"众恶之"与"众好之"，都是反常现象，这背后一定存在着暂时不为我们了解的原因。考察这现象掩藏的事实，探明这现象背后的原因，是必要的。

15.29 子曰："人能弘道，非道弘人。"

【译】

孔子说："人能够使'道'显现出它的强大，不是'道'来显现出人的强大。"

【释】

"道"是沉默的，而人有主观能动性。人的发现和实践，才使"道"得以显现出它的强大。朱熹说，由于"道体无为"，这又决定了"道不能大其人也"。"弘"，强（解释参见8.7）。

15.30 子曰："过而不改，是谓过矣。"

【译】

孔子说："错了却不改正，这就叫作真错了。"

【释】

人生中凡是有后续改错的犯错都可被视为一种学习，犯错并不可怕。本章的意思是说，犯错不可怕，可怕的是错了之后仍然坚持错误。人非圣贤，孰能无过；过而改之，是不过也。

15.31 子曰："吾尝终日不食、终夜不寝以思，无益。不如学也。"

【译】

孔子说："我曾经整天不吃、整晚不睡地去思考，没有进益。不如学习啊。"

【释】

一个人的智力有限，孤陋寡闻、闭门造车式的思考是低效的。学习可以迅速累积知识，高效吸收他人的有效经验和思考成果。

15.32 子曰："君子谋道不谋食。耕也，馁在其中矣；学也，禄在其中矣。君子忧道不忧贫。"

【译】

孔子说："君子谋求道而不谋求食物。耕田，饥饿就在其中了；学道，俸禄就在其中了。君子担忧道而不担忧贫穷。"

【释】

应注意本章所说的对象是君子，而不是普通人。君子是有知识或有地位的阶层，所需要的知识跟普通大众有所不同。一个本该劳心的君子去劳力，本该关心"道"却去关心"食"，这是错位。可与13.4相互参看。

15.33 子曰："知及之，仁不能守之，虽得之，必失之。知及之，仁能守之，不庄以莅之，则民不敬。知及之，仁能守之，庄以莅之，动之不以礼，未善也。"

【译】

孔子说："凭借聪明获得了想要得到的，如果仁德不能保住它，即使得到也一定会失去。凭借聪明获得了想要得到的，仁德也能保住它，但如果不用庄重的态度来面对民众，民众就不会对他敬肃。聪明能得到它，仁德能保住它，能用庄重的态度来面对民众，但如果不按照礼的要求去驱动民众，也没有达到好的境界。"

【释】

本章所讲的道理是普遍的，未必仅止于治理民众。"民"在《论语》中通常指民众（百姓），有时也泛指人，可解释为普通人、大众。

15.34 子曰："君子不可小知而可大受也，小人不可大受而可小知也。"

【译】

孔子说："君子不能用小聪明衡量，但能够担当重大使命；小人不能担负重大使命，但能够表现出小聪明来。"

【释】

"受"的意思，从给予方来说，是"托付"；从被给予方来说，是"担负"。"大受"就是重大托付、重大使命。"知"，智。"小知"，小聪明。

15.35 子曰："民之于仁也，甚于水火。水火，吾见蹈而死者矣，未见蹈仁而死者也。"

【译】

孔子说："人们对仁的逃避，比对水火之患的逃避更严重。

我见过脚踏于水火而死的人，但没有见过践行仁而死的人。"

【释】

本章中孔子强调实践仁的必要性，并指出实践仁是有益无害的。"民"通常解释为百姓，也可泛指大众，本章即是。"民之于仁也，甚于水火"的译文，根据后文作了补充，使其语意连贯。

15.36 子曰："当仁，不让于师。"

【译】

孔子说："面对'仁'，即使对老师也不谦让。"

【释】

"仁"是衡量是非善恶的最高准则。师道尊严的前提，是"师"与"道"同在。"道"或真理是至高无上的，在真理面前，师生是平等的。

15.37 子曰："君子贞而不谅。"

【译】

孔子说："君子持守大的正道，不拘泥于小的信用。"

【释】

《说文》释"贞"为"卜问"，"卜问"是国之大事；释"谅"为"信"，是指人与人之间说话可靠。孔子并不是在普通意义上讲这句话的，他认同"谅"的价值。他的意思是说，"贞"是大道大善，优先于普通的"谅"。

15.38 子曰："事君，敬其事而后其食。"

【译】

孔子说："侍奉国君，先严肃恭谨地做好国君交付的事情，然后再获取禄食。"

【释】

本章是讲"礼"。这应该是普遍适用的道理：不劳动者不得食。

15.39 子曰："有教无类。"

【译】

孔子说："要有教育，但不要区分弟子的类别。"

【释】

孔子极力强调"学"，强调"学"则会重视"教"。"有教无类"的意思是，教育是平等周遍的，教育不应有贫与富、贵与贱、老与幼、智与愚、种族与地域等种种类型的区别。这就敞开了"教"的大门，这是文明获得群体性进步的必由之路。

15.40 子曰："道不同，不相为谋。"

【译】

孔子说："如果主张的道不同，那就不要互相商议。"

【释】

"道"不同，意味着根本的立足点、出发点不同。原则性分歧是不可克服的。"道不同"，则不可能"谋"到一块儿去；强行相与"为谋"，必定是愚蠢的。"不相为谋"也可解释为"不会为对方考虑"，这样理解也很有意思。

把"道"直接理解为道路,亦可。各人走的路不同,则自然不会相互商议。

15.41 子曰:"辞达而已矣。"

【译】

孔子说:"言辞达意,就可以了。"

【释】

"辞达",言辞能够传达出想要表达的意思。语言是表达思想的工具,但心灵内容十分丰富复杂,"辞达"看似容易,其实很难。

15.42 师冕见,及阶,子曰:"阶也。"及席,子曰:"席也。"皆坐,子告之曰:"某在斯,某在斯。"

师冕出。子张问曰:"与师言之道与?"子曰:"然。固相师之道也。"

【译】

乐师冕来见孔子,走到阶沿,孔子说:"这是台阶。"走到座席旁,孔子说:"这是座席。"都坐下来了,孔子告诉他:"某某在这里,某某在这里。"

师冕离开。子张问道:"这是同乐师谈话的方式吗?"孔子说:"对。这本来就是帮助乐师的方式。"

【释】

本章是讲"礼"。孔子重视礼乐,本章可见孔子对乐师的体贴与敬重。"师",乐师,古代乐官一般用盲人充任。

16.1 季氏将伐颛臾。冉有、季路见于孔子曰："季氏将有事于颛臾。"

孔子曰："求！无乃尔是过与？夫颛臾，昔者先王以为东蒙主，且在邦域之中矣，是社稷之臣也。何以伐为？"

冉有曰："夫子欲之，吾二臣者皆不欲也。"

孔子曰："求！周任有言曰：'陈力就列，不能者止。'危而不持，颠而不扶，则将焉用彼相矣？且尔言过矣，虎兕出于柙，龟玉毁于椟中，是谁之过与？"

冉有曰："今夫颛臾固而近于费。今不取，后世必为子孙忧。"

孔子曰："求！君子疾夫舍曰'欲之'而必为之辞。丘也闻有国有家者，不患寡而患不均，不患贫而患不安。盖均无贫，和无寡，安无倾。夫如是，故远人不服，则修文德以来之；既来之，则安之。今由与求也，相夫子，远人不服而不能来也，邦分崩离析而不能守也，而谋动干戈于邦内。吾恐季孙之忧，不在颛臾，而在萧墙之内也。"

【译】

季氏将要讨伐颛臾。冉有、子路去见孔子说："季氏将要对颛臾采取行动。"

孔子说："冉求，这不是该责备你吗？颛臾，从前周天子把它作为东蒙的主祭，而且它已经在鲁国疆域之内，这是国家的臣属啊，为什么要讨伐它呢？"

冉有说："季孙大夫想去攻打，我们两个做臣属的都不想要这样。"

孔子说："冉求，周任有句话说：'能显示出能力才去担任相应的职务，如果不能就辞职不干。'危险而不去扶助，跌倒却不去搀扶，那么何必还用辅助的人呢？而且你的话错了，老虎、犀牛从笼子里跑出，龟甲、玉器在匣子里毁坏，这是谁的过错呢？"

冉有说："如今颛臾城墙坚固而且离费邑很近。现在不夺取它，后世必定成为子孙的忧患。"

孔子说："冉求，君子厌恨那种不说'自己想要那样'而一定要找托词的做法。我听说诸侯和大夫，不担忧贫穷而担忧财富不均，不担忧人口少而担忧人心不安定。因为财富平均也就无所谓贫穷，和睦团结就不会感到人少力量小，人心安定国家也就不会有倾覆的危险。因为这样，所以，远方的人不归服，就实施文治之德来招罗他们；使他们来了之后，就让他们安心留下。现在你们两个人辅助季氏，远方的人不归服，而你们不能招罗他们；国内民心离散，而你们不能守住民心，反而谋划在国内使用武力。我只怕季孙的忧患不在颛臾，而在鲁国朝堂内部啊！"

【释】

本章可看出，孔子反对采用军事手段而希望采用"修文德"的方法来解决国内政治问题。"不患寡而患不均，不患贫而患不安"，因与"均无贫，和无寡"有对应关系，故应作"不患贫而患不均，不患寡而患不安"。"贫"是指财物不足，"寡"是指人口不足。人口不足意味着生产和战争的人力资源不足，在《孟子》中也提到国君对本国人口不足的忧虑，可见春秋战国时期这是统治者关注的重要课题。

"颛臾"，鲁国的附庸国家。"文德"，文治之德，与征伐武事相别。"萧墙之内"，国君宫廷内部。《释名》："萧墙在门内。萧，肃也，臣将入于此，自肃敬之处也。"按礼，萧墙唯君王可有。

16.2 孔子曰："天下有道，则礼乐征伐自天子出；天下无道，则礼乐征伐自诸侯出。自诸侯出，盖十世希不失矣；自大夫出，五世希不失矣；陪臣执国命，三世希不失矣。天下有道，则政不在大夫。天下有道，则庶人不议。"

【译】

孔子说："天下有道，礼乐和征伐的决定由天子作出；天下无道，礼乐和征伐的决定由诸侯作出。决定由诸侯作出，大概经过十代，礼乐征伐的秩序罕能不全面废弛；决定由大夫作出，五代之内，礼乐征伐的秩序罕能不全面废弛；大夫的家臣把持国家政令，三代之内，礼乐征伐的秩序罕能不全面废弛。天下有道，国政就不会落在大夫手中。天下有道，平民就不会评议国政。"

本章是孔子对历史经验的概括。"天下无道"显然是政治权力分散的时代，权力分散使得治理失序，进而导致社会文化秩序的全面崩溃。

"失"是指什么，句中没有明说；根据本章意思，从语文角度分析，"失"的对象应该是上文的"礼乐征伐"；"失"是指礼乐的全面崩坏和征伐的彻底混乱。"失"，失序，废弛。"陪臣"，家臣。"天下有道，则庶人不议"，是说政治清明人们就不会担忧和关注政治，会更关注自己的日常生活。

16.3孔子曰："禄之去公室五世矣，政逮于大夫四世矣，故夫三桓之子孙微矣。"

【译】

孔子说："授予爵禄的权力离开鲁国国君已经五代了，把持国政的权力落在大夫之手已经四代了，所以鲁桓公的三房子孙也衰微了。"

【释】

本章是孔子慨叹鲁国权力失序。"禄之去公室"，爵禄不从君出。"禄"，爵禄，意思是赐爵任官之权。"公室"，指国君。"逮"，到、及。"政逮"，即政权落到大夫的手中。所谓"公室五世"，指的是自鲁国国君丧失政治权力以来所经历的宣公、成公、襄公、昭公、定公五代；所谓"大夫四世"，指的是季孙氏把持鲁国政治以来所经历的文子、武子、平子、桓子四代；所谓"三桓"指的是鲁国的季孙氏、叔孙氏和孟孙氏，他们都为鲁桓公之后。

16.4孔子曰："益者三友，损者三友。友直，友谅，友多闻，益矣。友便辟，友善柔，友便佞，损矣。"

【译】

孔子说："有益的同道有三种，有害的同道有三种。同道正直、信实、见闻广博，这是有益的。如果同道乐于走捷径或邪道，惯于假装温良柔顺，善于花言巧语，这是有害的。"

【释】

本章讲交友之道。"便辟"与"直"相对，是不正直的；"善柔"与"谅"相对，是不信实的；"便佞"与"多闻"相对，是言无实义的。

16.5孔子曰："益者三乐，损者三乐。乐节礼乐，乐道人之善，乐多贤友，益矣。乐骄乐，乐佚游，乐晏乐，损矣。"

【译】

孔子说："有益的愉悦有三种，有害的愉悦有三种。对用礼乐节制自己感到愉悦，对引导别人向善感到愉悦，对多交贤良的同道感到愉悦，这是有益的。对骄纵的快感感到愉悦，对放纵的闲游感到愉悦，对安乐的吃喝感到愉悦，这是有害的。"

【释】

根据孔子此处的描述可知，"益者三乐"是精神方面的愉悦，"损者三乐"主要是感官方面的愉悦。但应知孔子此处并未否定获得感官快乐的必要性，从"骄乐""佚游""晏乐"的措辞可知，他反对的是过度追求感官享受。"道人之善"，引导他人向善。"道"，导。

16.6孔子曰："侍于君子有三愆：言未及之而言谓之躁，言及之而不言谓之隐，未见颜色而言谓之瞽。"

【译】

孔子说："侍奉在君子身边有三种过失：还没谈及相关话题就率先来谈，这叫急躁；已经谈到的话题却不讲出自己的看法，这叫隐瞒；不看君子的脸色表情而只顾自己说话，这叫眼瞎。"

【释】

"君子"是指有德行或有地位的人，"侍"字意味着这里的"君子"偏指有地位的人。孔子重"礼"，所以他这样说。其实在多数情况下，这也是与人交谈的恰当的礼仪。

16.7孔子曰："君子有三戒：少之时，血气未定，戒之在色；及其壮也，血气方刚，戒之在斗；及其老也，血气既衰，戒之在得。"

【译】

孔子说："君子有三种情况须防止：年少的时候，血气还不稳定，要防止的，在给人脸色；到了壮年之时，血气方刚，要防止的，在与人争斗；到了年老之时，血气已经衰弱，要防止的，在贪得无厌。"

【释】

"戒"，《说文》解释为"警"，警戒，防备。"色"，脸色，《论语·为政第二》中有"色难"。年少时血气未定，情绪难以自控，容易给人脸色看。多数人把"色"理解为"美色"，也有道理，但理解为"脸色"更妥。脸色喜怒无常，是缺乏修养的表现。血气方刚则容易与人争斗，争斗既不合"礼"，也必定带来伤害。

年老近死，血气衰弱，虽多得亦无用，贪得则是不智，且不合"礼"。总体来看，这段话是以"礼"为核心的。

16.8 孔子曰："君子有三畏：畏天命，畏大人，畏圣人之言。小人不知天命而不畏也，狎大人，侮圣人之言。"

【译】

孔子说："君子有三种敬畏：敬畏天命，敬畏身居高位的人，敬畏圣人的言论。小人不了解天命因而不敬畏天命，在身居高位的人面前不庄重，轻慢圣人的言论。"

【释】

要敬畏天命，因为人智有穷，所知有限；要敬畏大人，因为社会是不平等的，而大人有足够的机会和力量处置我们；要敬畏圣人之言，因为他们有深邃的智慧，能看见我们难以看到的东西。

"大人"既可以指在高位的人，也可以指有道德的人。由于本章有"圣人"，所以"大人"指在高位的人更为妥当。"狎"，因习见亲近而不庄重。"侮"，轻慢，戏玩。

16.9 孔子曰："生而知之者，上也；学而知之者，次也；困而学之，又其次也；困而不学，民斯为下矣。"

【译】

孔子说："生来就理解的，是上等聪明；学习之后才理解的，是次等聪明；遇到阻碍才去学习，是又次一等的聪明；遇到阻碍却依然不学习，这种人就是下等的了。"

本章强调的是"学"。孔子承认人的智力差异，他说有"生而知之者"。但孔子说"我非生而知之者，好古，敏以求之也"，意思是他认为自己属于"学而知之者"。"困"，阻碍不通。孔安国注："困，有所不通。"

16.10 孔子曰："君子有九思：视思明，听思聪，色思温，貌思恭，言思忠，事思敬，疑思问，忿思难，见得思义。"

【译】

孔子说："君子有九点须想到的：看，要想到是否看明白了；听，要想到是否听清楚了；自己的脸色，要想到是否温和；自己的容貌，要想到是否恭肃；说话，要想到是否诚心；办事，要想到是否慎重；有疑惑，要想到是否询问他人；发怒时，要想到是否有后患；发现有获利的机会，要想到是否正当。"

【释】

本章是强调君子要具有反思精神，讲得很细，对言行举止的许多方面都考虑到了。

16.11 子曰："见善如不及，见不善如探汤。吾见其人矣，吾闻其语矣。隐居以求其志，行义以达其道。吾闻其语矣，未见其人也。"

【译】

孔子说："见到善言善行，就像自己做不到那样担心；见到不良言行，就像手伸到沸水中那样立即闪避。我见到过这样的人，也听到过这样的话。隐居独处省察内心，以此探明自己的志向；

依照正义去行动，以此达成自己奉持的'道'。我听到过这样的话，却没有见到过这样的人。"

【释】

孔子的意思是，"见善如不及，见不善如探汤"，这是相对容易做到的；"隐居以求其志，行义以达其道"，这是很难做到的。前者有外在对象可以参考，可以模仿借鉴，因而较易；后者则无外在参考对象，须求诸内心，因而很难。这里的"道"较难翻译，或可翻译为"真理"，但这个词太"现代"了。

16.12 齐景公有马千驷，死之日，民无德而称焉。伯夷、叔齐饿于首阳之下，民到于今称之。其斯之谓与？

【译】

齐景公有马四千匹，他死的时候，人们觉得他没有什么德行可以称颂。伯夷、叔齐在首阳山下挨饿，人们到现在还在称颂他们。大概说的就是这个吧？

【释】

本章没有"子曰"，最后一句"其斯之谓与"也没说明谈论的话题是什么，文句可能有脱漏。但大意还是清楚的，讲的是有财不如有德。"驷"，四马。"有马千驷"，是说其财产很多。

16.13 陈亢问于伯鱼曰："子亦有异闻乎？"对曰："未也。尝独立，鲤趋而过庭。曰：'学《诗》乎？'对曰：'未也。''不学《诗》，无以言。'鲤退而学《诗》。他日，又独立，鲤趋而过庭。曰：'学礼乎？'对曰：'未也。''不学礼，无以立。'

鲤退而学礼。闻斯二者。"

陈亢退而喜曰:"问一得三:闻《诗》,闻礼,又闻君子之远其子也。"

【译】

陈亢问伯鱼说:"您在老师那里听到过特别的教导吗?"伯鱼回答说:"没有。他曾经独自站着,我快步走过庭中。他说:'学《诗》了吗?'我回答说:'没有。'他说:'不学《诗》,就无法得体地说话。'我就退下去学《诗》。又有一天,他又独自站着,我快步走过庭中。他说:'学礼了吗?'我回答说:'没有。'他说:'不学礼,就无法立身。'我就退下去学礼。我听到过这两个教导。"

陈亢回去后欢喜地说:"我问一个问题,得到三点收获:懂得了为何要学《诗》,懂得了为何要学礼,又懂得了君子会跟自己的儿子保持距离。"

【释】

本章讲孔子教其子无异于门人。"伯鱼"就是孔子的儿子孔鲤。"远",保持距离,不偏爱。

16.14 邦君之妻,君称之曰夫人,夫人自称曰小童。邦人称之曰君夫人,称诸异邦曰寡小君;异邦人称之亦曰君夫人。

【译】

国君的妻子,国君称她为"夫人",她自称为"小童"。国人称她为"君夫人",在别国人面前则称她为"寡小君";别国人也称她为"君夫人"。

【释】

本章没有"子曰"，且所谈的是名分称谓，内容跟其他章很不一样，是否孔子所言，有人认为是，有人认为否。

17.1 阳货欲见孔子，孔子不见，归孔子豚。孔子时其亡也而往拜之，遇诸涂。谓孔子曰："来！予与尔言。"曰："怀其宝而迷其邦，可谓仁乎？"曰："不可。""好从事而亟失时，可谓知乎？"曰："不可。""日月逝矣，岁不我与。"孔子曰："诺，吾将仕矣。"

【译】

阳货想见孔子，孔子不见他，他就赠送小猪肉给孔子，使孔子不得不根据礼仪去回拜他。孔子趁着阳货不在家的时机去阳货家拜谢，却在路上遇见了阳货。阳货对孔子说："来，我跟你说。"阳货说："怀揣着珍贵的本领而听任国家迷惑，这能叫作'仁'吗？"孔子说："不能。"阳货说："喜欢参与政事而又屡次错失机会，这能说是'智'吗？"孔子说："不能。"阳货说："日月不断流转啊，年岁是不等我的啊。"孔子说："好，我将出仕做官了。"

【释】

本章是很生动也很简洁的对话。阳货很聪明，他说服孔子出来做官，尊重了孔子主张的价值观，抓住了孔子热心政事和不愿虚度年华的心理。"涂"，途。

17.2 子曰："性相近也，习相远也。"

【译】

孔子说："人的先天本性相近，后天的习染却有很大的不同。"

【释】

孔子讲的是"性相近"，是说人性是近似的，他没有明确说"人性善"。"习相远"则意味着，关注后天的经历和抉择比谈论先天的本性更靠谱。据此则能理解孔子为何如此重视学习，因为学习是后天的事。

17.3 子曰："唯上知与下愚不移。"

【译】

孔子说："只有上等的智慧与下等的愚蠢无法改变。"

【释】

孔子认为人与人"性相近"，但同时存在着智力的差异。具有最高等或最低等智力的人都是无法改变的，这是显然的；而"不移"不包括两者之间的绝大部分人——除了天才和愚人，其余人都是能通过学习得以改变的。

17.4 子之武城，闻弦歌之声。夫子莞尔而笑曰："割鸡焉用牛刀？"子游对曰："昔者偃也闻诸夫子曰：'君子学道则爱人，小人学道则易使也。'"子曰："二三子！偃之言是也。前言戏之耳。"

孔子到武城，听见弹琴唱歌的声音。孔子微笑着说："杀鸡何必用宰牛的刀？"子游回答说："以前我从老师那里听说过，'君子学习了《诗》与乐就能爱人，小人学习了《诗》与乐就容易驱使。'"孔子说："各位，言偃的话是对的。我刚才说的话只是开个玩笑。"

【释】

本章意思是说，礼乐教化总是有用的，即使所治理的地方很小也是如此。从本章内容可看出子游（言偃）做了武城宰，以弦歌（以琴瑟伴咏《诗》章，即《诗》与乐）教民。孔子开玩笑说"割鸡焉用牛刀"，意思是问言偃，弦歌教民是否立意太高。言偃引孔子先前的话对此作出解释，则可知"君子学道则爱人，小人学道则易使"的"道"，在此特指《诗》与乐。按孔子之教，《诗》是教之始（"兴于诗"），乐是教之成（"成于乐"），故言偃有此一说。

17.5 公山弗扰以费畔，召，子欲往。

子路不说，曰："末之也已，何必公山氏之之也？"子曰："夫召我者，而岂徒哉？如有用我者，吾其为东周乎？"

【译】

公山弗扰凭借他所占据的费邑反叛，召孔子去，孔子准备前往。

子路不舒心，说："不去算了，为什么一定要到公山氏那里去呢？"孔子说："召我去，难道会让我无车步行，不用我做官吗？

如果有人用我，我大概能建成一个在东方的'周'吧？"

【释】

本章可见孔子渴望用世之心。"公山弗扰"，人名。"末之也已"，不去算了。"末"，不。"之"，往。"已"，止，算了。"何必公山氏之之也"，"之之"的第一个"之"是结构助词，第二个"之"是动词。"徒"，步行。"徒"相对于"御"而言，意思是无车驾，无官职（参见11.8）。孔子崇尚周礼，"为东周"的字面意思是建成在东方的周，实际意思是指在东方实行周礼。

17.6 子张问仁于孔子。孔子曰："能行五者于天下为仁矣。""请问之。"曰："恭、宽、信、敏、惠。恭则不侮，宽则得众，信则人任焉，敏则有功，惠则足以使人。"

【译】

子张向孔子问"仁"。孔子说："能够对天下人展现五种品质，就是仁了。"子张说："请问是哪五种。"孔子说："肃敬、宽厚、信实、勤勉、慈惠。肃敬就不会被欺侮，宽厚就能赢得大众，信实就能得人托付，勤勉就能做成事情，慈惠就足以使唤别人。"

【释】

"仁"有丰富的内涵，这是就子张的提问所做的有所针对的回答。孔子认为"能行五者于天下"才为"仁"，意即"恭、宽、信、敏、惠"五者齐备方为"仁"，只具其一，则未必能叫作"仁"。

17.7 佛肸召，子欲往。

子路曰："昔者由也闻诸夫子曰：'亲于其身为不善者，君子不

入也。'佛肸以中牟畔，子之往也，如之何？"子曰："然，有
是言也。不曰坚乎，磨而不磷；不曰白乎，涅而不缁。吾岂匏瓜
也哉？焉能系而不食？"

【译】

佛肸召孔子去，孔子想要前往。

子路说："从前我从老师那里听说过：'亲力亲为干坏事的人，
君子不会进入他所在的地方。'佛肸凭借他占据的中牟反叛，您
若要去，如何解释？"孔子说："对，我讲过这话。不是说坚硬吗，
磨也不会消磨；不是说洁白吗，染也不会变黑。我难道是个匏瓜吗，
怎么能拴挂在那里而不被人吃？"

【释】

跟17.5类似，本章也是表现孔子急于用世之心。"佛肸"，
人名。"磷"，磨损，薄。"涅"，水中黑土，可以染物成黑。
"缁"，黑色。"不曰坚乎，磨而不磷；不曰白乎，涅而不缁"，
可能是引语，孔子以此表明自己至坚至纯，不会被坏人影响；"匏
瓜"之喻，是说人不能对社会无用，人必须去实现自身的价值。

17.8 子曰："由也，女闻六言六蔽矣乎？"对曰："未也。""居，
吾语女。好仁不好学，其蔽也愚；好知不好学，其蔽也荡；好信
不好学，其蔽也贼；好直不好学，其蔽也绞；好勇不好学，其蔽
也乱；好刚不好学，其蔽也狂。"

【译】

孔子说："由啊，你听说过六言之德的六种弊病吗？"子路
回答说："没听说过。"孔子说："坐下，我告诉你。喜欢仁德

而不爱好学习，它的弊病是愚昧蠢笨；喜欢聪明而不爱好学习，它的弊病是浮泛无根；喜欢信实而不爱好学习，它的弊病是带来伤害；喜欢正直而不爱好学习，它的弊病是急切躁动；喜欢勇敢而不爱好学习，它的弊病是胡作非为；喜欢刚强而不爱好学习，它的弊病是进取狂妄。"

【释】

这段对话是由孔子主动发起的，明显是针对子路不喜欢学习的缺点而加以训诫。这段话中还包含着一个深刻的道理：中庸才是"至德"，其他的每一种特定的美好品质中都包含着某种偏于一端的动因，搞不好就会滑向负面。如果只有对美德的喜好却没有对美德之中所蕴含的道理的理解（通过学习才能理解），践行所谓"美德"则可能是有害的。"六言"，指的是仁、智、信、直、勇、刚。

17.9 子曰："小子何莫学夫《诗》？《诗》，可以兴，可以观，可以群，可以怨。迩之事父，远之事君。多识于鸟兽草木之名。"

【译】

孔子说："后生们为什么不学习《诗》呢？《诗》，可以用它来感发自己的情思，可以用它来观察世故人情，可以用它来表达情感团结大众，可以用它来发抒怨愤讽谏上级。近，可以用它来侍奉父母；远，可以用它来侍奉国君。还可以用它来辨别多种鸟兽草木的名称。"

【释】

这段话主要围绕《诗经》作为诗歌的特点来讲它的学习价值。

诗歌是表达情志的，"兴""观""群""怨"都跟情感有关，因而这样翻译。

17.10 子谓伯鱼曰："女为《周南》《召南》矣乎？人而不为《周南》《召南》，其犹正墙面而立也与？"

【译】

孔子对伯鱼说："你学习《周南》《召南》了吗？做人而不学习《周南》《召南》，那就像正面对着墙壁站着吧？"

【释】

本章是讲学习《周南》《召南》的重要意义。《周南》《召南》指周、召二公之国风，"周"即周公，"召"即召公。《周南》《召南》列《诗经》之始，故有学习《诗经》起步的含义。故下文说若不学《周南》《召南》，如同"正墙面而立"，是说面前被墙堵住，行不通，无法举步也无所瞻见。

17.11 子曰："礼云礼云，玉帛云乎哉？乐云乐云，钟鼓云乎哉？"

【译】

孔子说："礼呀礼呀，说的是玉帛这些礼器吗？乐呀乐呀，说的是钟鼓这些乐器吗？"

【释】

本章是说，礼乐并非器物仪式和外在形式，要从社会文化秩序和内在精神的角度去理解礼乐的本质。

17.12 子曰："色厉而内荏，譬诸小人，其犹穿窬之盗也与？"

【译】

孔子说："脸色严厉而内心柔弱，以小人做比喻，就像是穿壁翻墙的小偷吧？"

【释】

心理的强大才是真正的强大，假装威严其实很可笑。"穿窬"，穿壁翻墙。"窬"同"逾"，越过。或说"窬"与"窦"通，"穿窬"意思是穿墙为窦（洞）。

17.13 子曰："乡原，德之贼也。"

【译】

孔子说："乡下那些看似恭谨忠厚的人，是道德的败坏者。"

【释】

表面上恭谨忠厚，实质上是为了取悦于人，并不是真正具有美德。这种人似德非德，在乡人中具有欺骗性，容易导致伪善盛行，所以孔子痛斥。

"原"亦作"愿"。历来对"乡原"歧说大致有三。一说"所至之乡，辄原其人情，而为己意以待之"，则乡原是指投机、无原则的人；一说"原与愿同"，"愿"就是善，则乡原是假扮好人以取悦于世的人；一说"原当为偬"，则乡原是巧黠狡猾的人。

17.14 子曰："道听而涂说，德之弃也。"

【译】

孔子说："在路上听到传言就在路上传播出去，这是放弃了自心的判断力。"

【释】

本章的意思是，"道听而涂说"是不过脑子的表现。"德之弃"就是"弃德"，"之"起提前宾语的作用。"德"，心行而有得，如"一心一德""同心同德"等。"弃德"，抛弃了心的作用，不思考不辨别。

17.15 子曰："鄙夫可与事君也与哉？其未得之也，患得之。既得之，患失之。苟患失之，无所不至矣。"

【译】

孔子说："鄙陋的人可以参与侍奉国君吗？当他没有得到所欲求的东西，他会担忧得不到。已经得到了，又担忧失去。这种人如果担忧失去，那就什么事都干得出来。"

【释】

志于道德者不在乎功名，志于功名者不在乎富贵，志于富贵者就是"鄙夫"。鄙夫除了富贵不在乎一切，所以他就会"无所不至"。

17.16 子曰："古者民有三疾，今也或是之亡也。古之狂也肆，今之狂也荡；古之矜也廉，今之矜也忿戾；古之愚也直，今之愚也诈而已矣。"

【译】

孔子说："古代普通人有三种毛病，现在或许连这三种毛病都没有了。古代的狂是愿望太高而不拘小节，现在的狂却是放荡失节；古代的矜是持守太严而棱角峭厉，现在的矜却是凶暴蛮横；古代的愚是不明智地直来直去，现在的愚却是无须智力的赤裸裸的欺诈罢了。"

【释】

在孔子看来，当前的社会太差了；而在古代社会，即使是"疾"之中都还有可接受的部分。"今之愚也诈而已矣"相对较为费解。孔子的意思是，现在蠢人们都会搞欺诈，只不过他们的欺诈都是直接的、赤裸裸的、不加掩饰的了。

17.17 子曰："巧言令色，鲜矣仁。"

【释】

已见于《学而第一》（1.3）。

17.18 子曰："恶紫之夺朱也，恶郑声之乱雅乐也，恶利口之覆邦家者。"

【译】

孔子说："我憎恶近于红色的紫色使红色失去正位，憎恶郑国的声乐扰乱典正的雅乐，憎恶以伶牙俐齿颠覆邦国的秩序。"

【释】

本章表现的是孔子关于政治的审美思想。孔子说"政者，正也"（12.17），"正"是孔子对政治最基本的理解。紫近于朱而不纯正，郑声动人而不雅正，利口动听而无正义，因而为孔子所憎恶。

17.19 子曰："予欲无言。"子贡曰："子如不言，则小子何述焉？"子曰："天何言哉？四时行焉，百物生焉。天何言哉？"

【译】

孔子说："我想不说话了。"子贡说："您如果不说话，那么后生们传述什么呢？"孔子说："上天说了什么话呢？四季照常运行，百物自然生长。上天说了什么话呢？"

【释】

终极之道只能显现，无法言说。本章也不是孔子被动回答提问，而是主动提出"予欲无言"。人是要说话的，孔子说"予欲无言"的原因，应是人们通过孔子之"言"来理解孔子，而孔子则认为观其"言"不能知其"道"。子贡的话就印证了这一点——人们关注的是孔子的"言"。本章所提出的是"言"与"道"的关系的哲学问题，"道"遍及宇宙而沉默，"言"是无法抵达"道"的。

17.20 孺悲欲见孔子，孔子辞以疾。将命者出户，取瑟而歌，使之闻之。

【译】

孺悲想见孔子，孔子以有病为由推辞。传达孔子吩咐的人刚出房门，孔子就取来瑟边弹边唱，让孺悲听到。

【释】

"命"，以口发出指令。"将命者"，传命者，传达吩咐、指令的人。派出传话的人刚出房门，孔子就在房内边弹边唱故意让孺悲听见，是想让孺悲知道孔子不想接见他。孔子这么做，可能是提醒孺悲反思自己何以被拒。

17.21 宰我问："三年之丧，期已久矣。君子三年不为礼，礼必坏；三年不为乐，乐必崩。旧谷既没，新谷既升，钻燧改火，期可已矣。"子曰："食夫稻，衣夫锦，于女安乎？"曰："安。""女安，则为之！夫君子之居丧，食旨不甘，闻乐不乐，居处不安，故不为也。今女安，则为之！"

宰我出，子曰："予之不仁也！子生三年，然后免于父母之怀。夫三年之丧，天下之通丧也。予也有三年之爱于其父母乎？"

【译】

宰我问："三年服丧，为期太长了。君子三年不习礼仪，礼仪必会败坏；三年不奏音乐，音乐必会荒废。旧谷已经吃完，新谷已经登场，四季钻燧取火的木头都轮完一遍，服丧一年就可停止了。"

孔子说："服丧一年，就吃米饭，穿锦衣，对你来说心安吗？"宰我说："心安。"孔子说："你心安，就这样干！君子守丧，吃美味不觉得甘甜，听音乐不觉得愉悦，住在家里不觉得舒坦，所以不这样干。如今你觉得心安，你就这样干！"

宰我出去后，孔子说："宰予不仁啊！小孩生下来三年，之后才能脱离父母的怀抱。三年服丧，是天下通行的丧礼。宰予对他的父母有三年的爱吗？"

【释】

本章讲孝和丧礼，主要讲了两点意思。第一，孝是对父母对等的报答，服丧三年是回报生命诞生的最初三年父母无微不至的付出；第二，服丧是发自内心的感念，是自愿的和真诚的，符合人性，并不是勉强人。

"钻燧改火"是钻木取火的方法，春取榆柳，夏取枣杏，季夏取桑柘，秋取柞楢，冬取槐檀，用于取火的木材四季不同，所以说"改火"。"居处"是指平日的居住生活，古代孝子服丧不会像平时那样居住生活，而要住在临时用草木搭成的凶庐中。"予也有三年之爱于其父母乎"，可翻译为"宰予对他的父母有三年的爱吗"，表达孔子对宰予不仁的谴责；也可翻译为"宰予从他父母那里得到过三年的爱吗"，表达孔子对宰予忘本的讽刺。两种翻译从语法、语义上都讲得通。

17.22 子曰："饱食终日，无所用心，难矣哉！不有博弈者乎？为之犹贤乎已。"

【译】

　　孔子说："整天吃得饱饱的，心思无处可用，这是困难的啊！不是还有下棋的游戏吗？干这事也比无事可干要好。"

【释】

　　本章讲的是人的普遍经验。人心始终是活跃的，心思不动是很难的，完全无事可干是很无聊、很难受的。

17.23 子路曰："君子尚勇乎？"子曰："君子义以为上。君子有勇而无义为乱，小人有勇而无义为盗。"

【译】

　　子路说："君子崇尚勇敢吗？"孔子说："君子把'义'置于'勇'之上。君子有勇无义就会胡作非为，小人有勇无义就会成为盗贼。"

【释】

勇气推动行动，但行动是否正当却不是"勇"所能决定的，是由"义"决定的。孔子认为"义"是比"勇"更高的价值，无"义"之"勇"的危害很大。

17.24 子贡曰："君子亦有恶乎？"子曰："有恶。恶称人之恶者，恶居下流而讪上者，恶勇而无礼者，恶果敢而窒者。"
曰："赐也亦有恶乎？""恶徼以为知者，恶不孙以为勇者，恶讦以为直者。"

【译】

子贡说："君子也有憎恶吗？"孔子说："有憎恶。憎恶宣扬别人的恶，憎恶身居下位而诽谤上位者，憎恶勇敢而没有礼节，憎恶务求结果大胆行动而又头脑窒塞不通事理。"

孔子说："赐，你也有憎恶吗？"子贡说："我憎恶把抄袭别人当作聪明，憎恶把不谦逊当作勇敢，憎恶把揭发隐私当作直率。"

【释】

"称人之恶"，这是在扩大恶行的影响；"居下流而讪上"，既不合礼也给自己带来风险；"勇而无礼"，这是莽撞；"果敢而窒"，这是既笨又固执。"徼以为知"，这是不诚实的偷盗；"不孙以为勇"和"讦以为直"，都是对"勇""直"这两种美好品质似是而非的误解，都会带来害人害己的危险。

"果敢"，"果"是指务求结果，"敢"是指胆大敢为。"窒"，窒塞，顽固不通。"徼"，抄，抄袭。

17.25 子曰："唯女子与小人为难养也,近之则不孙,远之则怨。"

【译】

孔子说："只有女子和小人是难以伺候的——亲近他们,他们就会无礼;疏远他们,他们就会怨恨。"

【释】

本章是孔子的察人经验。通常地,较之于男性,女性更感性,更容易对关系的远近亲疏作出情绪性反应,所以孔子这样说;不能简单地认为这是在贬低女性。对于小人来说,由于其格局较小,心量太窄,更容易表现出"近之则不孙,远之则怨"的现象。"养",《说文》解释为"供养",引申为伺候。

17.26 子曰:"年四十而见恶焉,其终也已。"

【译】

孔子说:"到了四十岁还被人憎恶,也就到头了。"

【释】

本章也是孔子的察人经验。古代人均寿命短,人到四十岁一生的事也就差不多完成了,此时还被人憎恶,即使想改变,机会也不多了。而况四十岁已年在不惑,改过迁善的想法恐怕也不多了。

18.1微子去之，箕子为之奴，比干谏而死。孔子曰:"殷有三仁焉。"

【译】

微子抛弃了他的政治地位，箕子做了奴隶，比干因劝谏而死。孔子说："殷有这三位仁人。"

【释】

微子，名启，纣王的同母兄；箕子，纣王的叔父；比干，纣王的叔父。微子谏纣，不听，去其位；箕子谏纣，不听，披发佯狂为奴；比干谏纣，不听，为纣所杀。此三人"无求生以害仁，有杀身以成仁"，堪称"仁人"（参见15.9）。

18.2柳下惠为士师，三黜。人曰:"子未可以去乎?"曰:"直道而事人，焉往而不三黜? 枉道而事人，何必去父母之邦?"

【译】

柳下惠担任典狱官，多次被罢免。有人说："你不可以离开吗?"柳下惠说："按正道侍奉上级，到哪里不会被多次罢免？

如果不按正道侍奉上级，为何一定要离开父母之邦？"

【释】

本章记录的是柳下惠的言论，表现了柳下惠的正直与明智。他知道天下正直者无处不碰壁，这是他的明智；他明知会碰壁仍然坚守正道，这是他的正直。"士师"，典狱之官。

18.3 齐景公待孔子，曰："若季氏，则吾不能；以季、孟之间待之。"曰："吾老矣，不能用也。"孔子行。

【译】

齐景公讲到对待孔子，说："如果要像鲁国国君对待季氏那样对待他，那么我做不到；我用介于季氏、孟氏之间的态度对待他。"又说："我老了，不能用他了。"孔子离开了齐国。

【释】

齐景公的两处话语不是一时说的，可看出他对孔子由相当重视到完全冷淡的态度变化。

18.4 齐人归女乐，季桓子受之，三日不朝。孔子行。

【译】

齐国人赠送歌伎乐舞，季桓子接受了，三天不上朝堂。孔子于是离开。

【释】

季桓子当时是执政上卿，宁可荒废国政而耽于女乐。孔子看不下去，因而离开。"归"，即"馈"，馈赠。

18.5 楚狂接舆歌而过孔子曰："凤兮凤兮，何德之衰！往者不可谏，来者犹可追。已而，已而！今之从政者殆而！"孔子下，欲与之言。趋而辟之，不得与之言。

【译】

楚国狂人接舆唱着歌路过孔子，他唱道："凤啊凤啊，你的德行怎么如此不堪？过去的已经不能劝止，未来的还来得及补救。算了吧，算了吧！如今的从政者危险啊！"孔子下车，想同他说话。接舆小跑着避开，孔子未能同他说上话。

【释】

接舆，据曹之升《四书撼余说》，"《论语》所记隐士皆以其事名之。门者谓之'晨门'，杖者谓之'丈人'，津者谓之'沮''溺'，接孔子之舆者谓之'接舆'，非名亦非字也"。

凤凰之德，是有道则现，无道则隐。接舆的歌，是以凤凰暗喻孔子，暗讽他在无道之世不归隐，所以说"何德之衰"。很明显，接舆了解孔子的为人，知道孔子是"知其不可而为之"的。他跟孔子志趣不同，但也尊重孔子的选择，因而只是用歌唱委婉规劝孔子；他歌唱后就赶紧避开，说明此人非常聪明，深知"道不同不相为谋"的道理。

18.6 长沮、桀溺耦而耕。孔子过之，使子路问津焉。

长沮曰："夫执舆者为谁？"子路曰："为孔丘。"曰："是鲁孔丘与？"曰："是也。"曰："是知津矣。"

问于桀溺。桀溺曰："子为谁？"曰："为仲由。"曰："是鲁孔丘之徒与？"对曰："然。"曰："滔滔者天下皆是也，而谁以易之？且而与其从辟人之士也，岂若从辟世之士哉？"耰而不辍。

子路行，以告。夫子怃然曰："鸟兽不可与同群，吾非斯人之徒与而谁与？天下有道，丘不与易也。"

【译】

长沮、桀溺一起耕种。孔子路过，派子路去询问渡口在哪里。

长沮问子路："那个握着缰绳的是谁？"子路说："是孔丘。"长沮说："这是鲁国的孔丘吗？"子路说："这是。"长沮说："这么说，他知道渡口在哪里了。"

子路再问桀溺。桀溺说："您是谁？"子路说："我是仲由。"桀溺说："您是跟鲁国的孔丘同行的人吗？"子路说："对。"桀溺说："各种丑恶现象像滔滔奔流的洪水一般到处都是，用谁能够改变这局面？况且您与其跟着车上那位躲避人的人，怎能比得上跟着我们这种躲避社会的人呢？"说完继续不停种地。

子路走回来，把情况报告给孔子。孔子失望地说："人不能与鸟兽合群同居，我除了跟这世上的人们在一起还能跟谁在一起？如果天下有道，我就不会去参与改变什么了。"

【释】

长沮、桀溺都是隐士，也就是所谓的"辟世之士"。长沮针对孔子，"是知津矣"语带嘲讽；桀溺主要是针对子路，劝子路退隐避世。本章最后孔子的话，表现了他崇高的精神境界。首先，孔子认为人必须肩负起对人类的责任，而与鸟兽同群的退隐是推卸人之为人的责任，不符合人类伦理；其次，孔子是依"道"而不忘天下的，他认为正因为天下无道，自己才为改变社会而不懈奔走。

"执舆"，执辔（拉马的缰绳）。这本是子路做的事，因子路已下车，所以由孔子代为驾御。"怃然"，怅惘失意的样子。

18.7 子路从而后，遇丈人，以杖荷蓧。

子路问曰："子见夫子乎？"丈人曰："四体不勤，五谷不分，孰为夫子？"植其杖而芸。子路拱而立。

止子路宿，杀鸡为黍而食之，见其二子焉。

明日，子路行。以告。子曰："隐者也。"使子路反见之。至，则行矣。

子路曰："不仕无义。长幼之节，不可废也；君臣之义，如之何其废之？欲洁其身，而乱大伦。君子之仕也，行其义也。道之不行，已知之矣。"

【译】

子路跟随孔子出行而落在后面，遇到一个老人，老人用手杖挑着除草的工具。

子路问道："您看到我的老师了吗？"老人说："你四肢不劳动，五谷不区分，谁管你的老师是谁？"说完就把手杖插在地里开始除草。子路恭敬地拱手站着。

老人留子路过夜，杀了鸡并做了黍米饭给子路吃，又叫两个儿子来见子路。

第二天，子路离开。他把这情况报告给了孔子。孔子说："这是隐士啊。"派子路回去再看看老人。子路到了那里，老人已经出门走了。

子路说："不出仕是不合宜的。长幼之间的礼节不能废弃，君臣之间的道义又怎能废弃呢？想要使自身清白，却破坏了更大的君臣伦理。君子出仕，是为了推行正义。而道的无法推行，我早已经知道了。"

【释】

本章可以帮助我们更好地理解孔子所讲的"仕"和"君臣之义"。本章鲜明地提出"君子之仕也，行其义也"——出仕所追求的并非官职，而是要利用政治来达成正义。君子出仕的目标是推行正义，君子的责任是以自己的能力去为社会服务。只求"洁其身"的独善自守是小，通过"君臣之义"而兼善天下才是大。本章最后一段话不像是子路说的，更可能是孔子说的。

"荼"，古代除田中草所用的工具。"植"，直立。"植其杖"是指把手杖插在泥地里，有人把"植"解释为置或倚，太绕了，不甚妥帖。"四体不勤，五谷不分，孰为夫子"是丈人责备子路，意思是你不事稼穑，别用无聊的提问来打扰我的劳作。

18.8 逸民：伯夷、叔齐、虞仲、夷逸、朱张、柳下惠、少连。子曰："不降其志，不辱其身，伯夷、叔齐与？"谓柳下惠、少连，"降志辱身矣，言中伦，行中虑，其斯而已矣"。谓虞仲、夷逸，"隐居放言，身中清，废中权"。"我则异于是，无可无不可。"

【译】

超逸不仕的人有：伯夷、叔齐、虞仲、夷逸、朱张、柳下惠、少连。孔子说："不贬抑自己的心志，不羞辱自己的身份，伯夷、叔齐就是这样的吧？"孔子谈到柳下惠、少连，"被迫贬抑自己的心志，羞辱自己的身份，但说话符合道理人伦，行为符合自己的思考，他们能维持这种言行而不越界"。孔子谈到虞仲、夷逸，"他们隐居起来说话放纵，能独善其身，符合清洁不染的人格标准；自废于社会，符合乱世需要变通的权变之道"。孔子又说："我却跟他们不同。我对他们，谈不上认可，也谈不上不认可。"

【释】

天下无道，故有逸民。逸民都不同流合污，但境界有差异。孔子依境界之高低，把这几位逸民划为三个等次来分析。伯夷、叔齐最高，能保持本志；柳下惠、少连做不到"不降其志，不辱其身"，但言能符合正道，行不委曲自己；虞仲、夷逸言行与社会不相合，但能品节清高、懂得权变。

孔子是从肯定的角度评价逸民的，但他认为做逸民不是自己认同的选择，这就是"不可"；这些逸民的品节皆有可取，无须批评，这就是"无不可"。"其斯而已"的字面意思是"那就这样而止"，是说柳下惠和少连的言行止于"中伦""中虑"。

18.9 大师挚适齐，亚饭干适楚，三饭缭适蔡，四饭缺适秦，鼓方叔入于河，播鼗武入于汉，少师阳、击磬襄入于海。

【译】

太师挚到齐国去了，亚饭干到楚国去了，三饭缭到蔡国去了，四饭缺到秦国去了，打鼓的乐师方叔到了河内，敲小鼓的乐师武到了汉水之滨，少师阳、击磬的乐师襄到了海里的岛上。

【释】

本章可能是讲"乐"的衰败。"大师"亦作太师，跟下文"少师"都是掌乐之官。古代天子诸侯用饭都得奏乐，所以乐官有"亚饭""三饭""四饭"之名。"挚""干""缭""缺""方叔""武""阳""襄"均是乐师的名字。"鼗"，小鼓。

18.10 周公谓鲁公曰："君子不施其亲，不使大臣怨乎不以。故旧无大故，则不弃也。无求备于一人。"

【译】

周公对他的儿子鲁公说："君子不疏远他的亲族，不让大臣抱怨不任用他们。故交旧臣没有重大缘故，就不能抛弃他们。不要对任何一人提出全面的要求。"

【释】

本章是孔子心目中的圣人周公旦对其子鲁公（伯禽，封于鲁）的教导，要点是团结亲故，待臣宽容。"施"，即"弛"，废弃，疏远。"以"，用。

18.11 周有八士：伯达、伯适、仲突、仲忽、叔夜、叔夏、季随、季骃。

【译】

周朝有八个士：伯达、伯适、仲突、仲忽、叔夜、叔夏、季随、季骃。

【释】

包咸说，周朝的时候，有人四胎生了四对孪生子，即本章所说的八个人，"皆为显士，故记之耳"。这八个人两两一组，共四组；每组二人的名字的末字，都是押韵的。

19.1 子张曰："士见危致命，见得思义，祭思敬，丧思哀，其可已矣。"

【译】

子张说："士，遇见危险，能把生死交付给命运；看见有利可得，能考虑是否正当；祭祀时，能想到保持肃敬；丧礼时，能想到内心悲哀，这就可以了。"

【释】

见危保命，见得思得，这是普遍的本能；"见危致命，见得思义"，这是超越了本能。本章讲"义"和"礼"："见危致命，见得思义"是"义"，"祭思敬，丧思哀"是"礼"。

"见危致命"，意思是遇到危险不是本能地想到逃避，而是坦然地把一切交给"命"来决定——"命"决定了人生与事态的趋势与结局，"命"本身不受任何人左右。孔子对"命"的这一理解在《论语》中有多处，如6.10、14.36等。"致"，《说文》解释为"送诣"，引申为交付、托付。"见危授命"（14.12）与"见危致命"互证，可见"致"的意思就是"授"。

19.2 子张曰：“执德不弘，信道不笃，焉能为有？焉能为亡？”

【译】

子张说：“持守德，却不坚强有力；信仰道，却不忠实坚定，这怎么能说有德有道？又怎么能说无德无道？”

【释】

本章是说，对道与德，必须有坚强、忠实的信守。时软时硬的持守，不是不守，但不是坚守；半信半疑的相信，不是不信，但不是真信。“弘”，强。

19.3 子夏之门人问交于子张。子张曰：“子夏云何？”对曰：“子夏曰‘可者与之，其不可者拒之’。”子张曰：“异乎吾所闻：君子尊贤而容众，嘉善而矜不能。我之大贤与，于人何所不容？我之不贤与，人将拒我，如之何其拒人也？”

【译】

子夏的门人问子张关于与人结交的事。子张说：“子夏说了什么？”子夏的门人回答道：“子夏说‘认可的就结交他，不认可的就拒绝他’。”子张说：“这跟我所听到的不一样：君子尊重贤人又能容纳众人，赞美善人又能同情能力不够的人。我如果非常贤明，那么对于他人有什么不能容纳的呢？我如果不贤明，别人就会拒绝我，我又如何去拒绝别人呢？”

【释】

子夏比较狭隘，子张非常宽容。子张与子夏各有道理，但子张的说法其实不尽符合孔子的教导，孔子说“无友不如己者”，且认为损友是不可交的。

19.4 子夏曰："虽小道，必有可观者焉。致远恐泥，是以君子不为也。"

【译】

子夏说："即使是关于各种技艺的小道，也一定有值得观察学习的地方。但君子为了达到远大目标而害怕被小道束缚，因此他不会做致力于小道这种事。"

【释】

人生短暂，做事须有取舍。通过属于小道的农工医卜等各种技艺，也能验人事、辨物理，所以"必有可观者"。但子夏认为君子应致力于更高远宏伟的目标，小道会耽误大道。"泥"，束缚，阻滞，妨碍。

19.5 子夏曰："日知其所亡，月无忘其所能，可谓好学也已矣。"

【译】

子夏说："每天学到自己所不知道的，每月都不忘记自己已经学会的，这就能够叫作好学了。"

【释】

日有所进，月能不忘，好学就是不断有所长进。

19.6 子夏曰："博学而笃志，切问而近思，仁在其中矣。"

【译】

子夏说："广泛地学习而使志虑趋于专一，围绕切近实际的事情提问和思考，'仁'就在心中了。"

在广博的学习之后走向精纯，然后才能做到心有所守，所以要"博学而笃志"；泛泛地提问和思考玄远的问题，就会劳而无功，所以要"切问而近思"。"博学而笃志，切问而近思"还只是思辨而不是力行，所以说"仁在其中"（仁在心里，尚未付诸实践）。"笃"，专一。

19.7 子夏曰："百工居肆以成其事，君子学以致其道。"

【译】

子夏说："各个行业的工匠在市场上来成就自己的工作，而君子通过学习来获得他所追求的道。"

【释】

本章是说百工与君子在事业上立意的不同。工匠在市场上售出其产品来实现其工作的价值，这种价值是物质层面的；君子不生产产品而是通过学习来实现对道的领悟，这种价值是精神层面的。"肆"，市肆，市场。《说文》："肆，极陈也。"尽可能陈列东西的地方就是"肆"，也就是流通货物的市场。

19.8 子夏曰："小人之过也必文。"

【译】

子夏说："小人错了，一定会美化他的错误。"

【释】

君子也会有过失，但能坦然面对自己的过失，所以说"君子之过也，如日月之食焉"（19.21），是能够"人皆见之"的。小人不诚，所以错了必会加以掩饰和美化。

19.9 子夏曰："君子有三变：望之俨然，即之也温，听其言也厉。"

【译】

子夏说："君子有三变：远看他，觉得他庄重严肃；接近他，觉得他温和可亲；听他说话，又会觉得他严格不苟。"

【释】

"俨然"则不"温"，"温"则不"厉"，所以说"三变"。但"三变"不全是君子在变，主要是他人由远及近接触君子时的感觉在变。"厉"，严格，精确。

19.10 子夏曰："君子信而后劳其民；未信，则以为厉己也。信而后谏；未信，则以为谤己也。"

【译】

子夏说："君子取信于民众之后再去役使民众；若未取信于民众就去役使他们，民众就会认为那是在虐待自己。取得上级信任之后再去规劝；若未取得信任就去规劝，上级就会认为那是在诽谤自己。"

【释】

本章是从"信"的角度讲君子必定是有智慧的，并非只是品德上高尚。这个道理适用于跟人打交道的普遍情况。让人做事、给人劝告，都要先取得其信任才行。

19.11 子夏曰："大德不逾闲，小德出入可也。"

【译】

子夏说："大节，不要越过界限；小节，有出入是可以的。"

【释】

本章提出的是观察评价他人的问题。人无完人，大节无亏是最重要的，细枝末节就不必斤斤计较了。"大德""小德"，犹言大节、小节。"闲"，阑，木栏，指界限。

19.12 子游曰："子夏之门人小子，当洒扫应对进退则可矣，抑末也。本之则无，如之何？"

子夏闻之，曰："噫！言游过矣！君子之道，孰先传焉？孰后倦焉？譬诸草木，区以别矣。君子之道，焉可诬也？有始有卒者，其惟圣人乎！"

【译】

子游说："子夏的门人徒众，做些洒水打扫、应对和迎送客人的事情是能行的，但这些是细枝末节。根本的东西却没有，怎么办？"

子夏听了这话，说："噫！子游错了！君子之道，什么是该先传授给门人的？什么是门人最后才倦怠的？这就像小草和树木，要按类型来区别。君子之道，怎么可以诋毁？能有始有终地按次序教授门人的，大概只有圣人吧！"

【释】

本章讲教学要有序，循序而渐进。子夏的意思是，要"先传"浅易的，"洒扫应对进退"这些浅易的东西也会随着学习进程被超越；而"君子之道"是毕生的追求，因其至死方休故而"后倦"——再说君子之道的高深部分必须延后传授，因为学生达不到较高程度是无法理解的。"区"，类，类别。

19.13 子夏曰："仕而优则学，学而优则仕。"

【译】

子夏说："出仕，如果有富余的时间和精力就应学习；学习，如果有富余的时间和精力就应出仕。"

【释】

"优"，饶，多，富余。"仕而优则学"，可以用学得的东西来帮助自己更好地为官做事；"学而优则仕"，可以用为官做事来检验自己学得的东西是否有用。

19.14 子游曰："丧致乎哀而止。"

【译】

子游说："丧礼，表达出悲哀之情也就够了。"

【释】

本章的意思是，把对死者的悲悼之情表达出来，是符合丧礼要求的；但不可过于哀伤，以免对生者造成伤害。

19.15 子游曰："吾友张也，为难能也，然而未仁。"

【译】

子游说："我以子张为同道，他能够做难以做到的事，但未能达到仁的境界。"

本章是子游对子张的评价。"友"，意动用法，以为友。

19.16 曾子曰："堂堂乎张也，难与并为仁矣。"

【译】

曾子说："子张外表堂堂，但难以同他一起践行仁。"

【释】

本章是曾子对子张的批评，意思是子张外表堂堂而内不能仁。分析"堂堂乎张也，难与并为仁矣"这个句子，其表意可有多种诠释。"堂堂"是指外表还是指仁的境界，语句中并未指明；"难与并为仁"既可解释为"子张仁道薄，难以同他一起践行仁"，也可解释为"子张仁胜于人，难与之相并"。但上一章中子游说子张"未仁"，所以本章多半还是批评子张"未仁"。"为仁"，践行仁，实践仁。我不把"为仁"解释为"做到仁"，是因为曾子并不自以为做到了仁。

19.17 曾子曰："吾闻诸夫子：人未有自致者也，必也亲丧乎！"

【译】

曾子说："我从老师那里听到过这句话：人们没有自动地极力表达感情的，如果一定有这种情况，它一定出现在双亲死亡之时。"

【释】

本章是讲基于血缘的亲子之情是自发的和最强烈的。"自"，自动，主动。"致"，至，极。

19.18 曾子曰："吾闻诸夫子：孟庄子之孝也，其他可能也；其不改父之臣，与父之政，是难能也。"

【译】

曾子说："我从老师那里听到过这句话：孟庄子的孝，别的部分能够做到；他不更换父亲的旧臣，认同父亲的政治措施，这才是难以做到的部分。"

【释】

本章是从政治遗产传承的角度来讲"孝"的。

19.19 孟氏使阳肤为士师，问于曾子。曾子曰："上失其道，民散久矣。如得其情，则哀矜而勿喜。"

【译】

孟氏派阳肤做典狱官，阳肤向曾子请教。曾子说："在上位的人失去了正道，导致民众散漫分离很久了。你如果弄清了犯罪的实情，就应当同情怜悯他们，不要因自己审出了实情而觉得欢喜。"

【释】

民众散漫分离，不服管教，这是民众违法致罪的原因；而民众散漫分离、不服管教的原因，又是"上失其道"。在曾子看来，在"上失其道"的情况下，民众犯罪是值得同情的。这表现了曾子爱民惜民的思想。

19.20 子贡曰："纣之不善，不如是之甚也。是以君子恶居下流，天下之恶皆归焉。"

【译】

子贡说："商纣王的不善，并不像我们所听说的这么严重。所以君子憎恶自己处在卑污的位置；如果处于卑污的位置，天下的恶名会都聚集到他的身上。"

【释】

子贡这番话很有道理。君子必须立身卓然；一个人如果处于众人以为卑污的位置，就有可能为一切恶行背锅。

19.21 子贡曰："君子之过也，如日月之食焉：过也，人皆见之；更也，人皆仰之。"

【译】

子贡说："君子的过失好比日食和月食：他错了，人们都看得见他犯错；他改了，人们都仰望他。"

【释】

本章是说君子光明磊落，被人敬仰。君子会犯错，如日月之有食；君子犯了错也光明正大，不会偷偷摸摸隐藏错误，就像人们都看得见日食月食一样；君子知错就会改，继续赢得人们的敬重，就像即使有日食月食人们依然会仰望日月一样。

19.22 卫公孙朝问于子贡曰："仲尼焉学？"子贡曰："文武之道，未坠于地，在人。贤者识其大者，不贤者识其小者。莫不有文武之道焉。夫子焉不学？而亦何常师之有？"

【译】

卫国的公孙朝问子贡说："仲尼在哪里学习（文武之道）？"子贡说："文武之道，并没有坠落在大地上消散，还在人群之中。贤能的人能识别它的大处，不贤的人能识别它的末节。没有什么地方没有文武之道。我的老师在哪里不能学习？他又哪有固定的老师呢？"

【释】

根据子贡的答语，可知公孙朝对孔子深知"文武之道"却又看不出他是从哪里学到的感到疑惑。子贡的回答很有哲学性——"文武之道"存乎人心，端看人自身的领悟。道无处不在，学习的本质是自我领悟，事事留心皆学问，贤者识其大，不贤识其小，如是而已。

19.23 叔孙武叔语大夫于朝曰："子贡贤于仲尼。"
子服景伯以告子贡。子贡曰："譬之宫墙，赐之墙也及肩，窥见室家之好。夫子之墙数仞，不得其门而入，不见宗庙之美，百官之富。得其门者或寡矣，夫子之云，不亦宜乎！"

【译】

叔孙武叔在朝堂上告诉大夫们说："子贡比仲尼更贤能。"

子服景伯把这话告诉子贡。子贡说："拿房屋的围墙来做比喻，我的围墙的高度达到肩膀，在墙外能探望到里面房屋的漂亮。老师的围墙高度却有几仞，如果找不到门进去，就看不见里面宗庙的壮丽、房屋的众多。能够找到老师的门的人或许并不多，叔孙武叔那么讲，不也很正常吗？"

"宫墙"，住地之围墙。"官"，房舍。杨伯峻引俞樾《群经平议》及杨树达《积微居小学金石论丛》说，"官"的本义是房舍，其后才引申为官职之义。"好"和"美"意思相近，"好"本指女子漂亮，"美"字从羊，从大，故译为"壮丽"以示区别。"夫子之云，不亦宜乎"，意思是叔孙武叔根本不懂得孔子的伟大，所以他才会讲出如此无知的话。

19.24 叔孙武叔毁仲尼。子贡曰："无以为也，仲尼不可毁也！他人之贤者，丘陵也，犹可逾也；仲尼，日月也，无得而逾焉。人虽欲自绝，其何伤于日月乎？多见其不知量也。"

【译】

叔孙武叔毁谤仲尼。子贡说："没法这样做，仲尼是不可毁谤的！他人的贤能，是丘陵，还能翻越过去；仲尼的贤能，是日月，是不可能超越的。人们即便想要自绝于日月，这对日月有什么损害呢？最多显现出他的不自量力啊。"

【释】

本章可看出子贡对孔子激烈的捍卫。可与上一章相参看。

19.25 陈子禽谓子贡曰："子为恭也，仲尼岂贤于子乎？"子贡曰："君子一言以为知，一言以为不知，言不可不慎也。夫子之不可及也，犹天之不可阶而升也。夫子之得邦家者，所谓立之斯立，道之斯行，绥之斯来，动之斯和。其生也荣，其死也哀。如之何其可及也？"

【译】

陈子禽对子贡说："你是谦恭吧，仲尼难道比你更贤能吗？"子贡说："君子一句话就可以表现他的智识，一句话也可以表现他的不智，说话不能不慎重啊。老师的高不可及，就像天空不能沿着阶梯爬上去。老师如果能够成为诸侯或卿大夫，他就能够像人们所说的那样，让民众有所立身，民众就能够立身；引导民众，民众就能前行；安抚民众，民众就会归顺；让民众行动，民众就会齐心协力。他活着受人敬重，他死去让人哀惜。这样的人，怎么能赶得上呢？"

【释】

以上几章，都是子贡对别人贬低孔子的回应，既可见子贡的谦虚，也可见子贡对孔子发自肺腑的敬重与崇拜。

20.1 尧曰："咨！尔舜！天之历数在尔躬，允执其中。四海困穷，天禄永终。"舜亦以命禹。

曰："予小子履敢用玄牡，敢昭告于皇皇后帝：有罪不敢赦，帝臣不蔽，简在帝心。朕躬有罪，无以万方；万方有罪，罪在朕躬。"周有大赉，善人是富。"虽有周亲，不如仁人。百姓有过，在予一人。"谨权量，审法度，修废官，四方之政行焉。兴灭国，继绝世，举逸民，天下之民归心焉。所重：民、食、丧、祭。宽则得众，信则民任焉，敏则有功，公则说。

【译】

尧说："啧！你这舜啊！上天的大命落在你身上，你要信实地守持那中道。假如四海之内偏离中道陷于困境，天赐的禄位就会永远终止。"舜也用这样的话吩咐过禹。

（商汤）说："我谨用黑色公牛祭祀，大胆地明确报告伟大的天帝：有罪的我不敢赦免自己，您的臣仆我不敢遮掩自己的罪过，您的心自有选择分辨。我本人若有罪过，不要用天下之人来

285

承担；天下之人若有罪过，罪过都在我身上。"

周朝获得上天巨大的赏赐，拥有很多善人。（周武王）说："虽然我有至亲，不如拥有仁人。百姓有过错，都在我一人。"

认真检验重量和容量的度量标准，周密地审定典刑制度，修复已废弃的职官功能，治理四方的政令就能推行了。兴复被灭亡了的诸侯国，接续已断绝了的卿大夫，提拔被遗落的人才，天下民众就真心归服了。所重视的四件事：民众、粮食、丧礼、祭祀。宽厚就能得到众人的拥护，信实就能得到大众的托付，勤勉就能取得成效，公平就会使人们感到舒心。

【释】

本章记述了尧、舜、汤、武等先王的遗训，最后是孔子对三代以来的治理要点作出的概括。先王遗训主要是发出告诫，孔子的话则是正面总结。

"予小子履"，商汤的自称。"予小子"是上古帝王自称之词，相传汤又名履。"任"，挑担，肩负。

20.2 子张问于孔子曰："何如斯可以从政矣？"子曰："尊五美，屏四恶，斯可以从政矣。"

子张曰："何谓五美？"子曰："君子惠而不费，劳而不怨，欲而不贪，泰而不骄，威而不猛。"子张曰："何谓惠而不费？"子曰："因民之所利而利之，斯不亦惠而不费乎？择可劳而劳之，又谁怨？欲仁而得仁，又焉贪？君子无众寡，无小大，无敢慢，斯不亦泰而不骄乎？君子正其衣冠，尊其瞻视，俨然人望而畏之，斯不亦威而不猛乎？"

子张曰："何谓四恶？"子曰："不教而杀，谓之虐；不戒视成，谓之暴；慢令致期，谓之贼；犹之与人也，出纳之吝，谓之有司。"

【译】

子张问孔子说："怎样才可以从事政事呢？"孔子说："尊重五种美德，排除四种恶政，这就可以从事政事了。"

子张问："什么叫五种美德？"孔子说："君子能给人恩惠而自己却无耗费，能使人们辛苦而人们没有怨恨，自己有所欲求而不至于贪婪，内心宽坦但对人不傲慢，虽然威严但不让人感到凶猛。"子张说："什么是'惠而不费'？"孔子说："顺应民众自认为有利的事而使他们自行去谋利，这不就是给民众恩惠而不必自己有耗费吗？选择能让民众接受的辛苦事让他们去辛苦，他们又会怨恨谁？自己想要仁便得到了仁，又还有什么可贪的？君子对人不分人数多少，不分势力大小，都既无冒昧也无怠慢，这不就是内心宽坦而不傲慢吗？君子端正自己的衣冠，眼中只看着值得尊崇的人或事，庄重严肃使人望着他就心生敬畏，这不也就是威严而不凶猛吗？"

子张问："什么叫四种恶政？"孔子说："不教化民众便加以杀戮，叫作'虐'；不给过程中的告诫而只看成功的结果，叫作'暴'；先轻忽指令而后强求规定期限达成目标，叫作'贼'；像给人发放财物这种事去插手而出手吝啬，这叫作'（妨碍）有司'。"

【释】

本章的翻译中有几个难点。"敢慢"，冒昧和怠慢。"敢"，大胆，冒昧。"尊其瞻视"，使其瞻视尊，即不关注那些卑下的人或事而只关注值得尊崇的人或事。"慢令致期，谓之贼"，做官的人自己不及时发出指令而导致进度缓慢，后面又要求做事的人克期完成，这就是残害了做事的人。"犹之与人也，出纳之吝，谓之有司"，是说分发财物是"有司（有关部门）"该按规定去做的事而不是为官者自己应该插手的事，因舍不得官家财物而插手分配，这是一种恶政。"犹之"，如同，像。

20.3孔子曰："不知命，无以为君子也；不知礼，无以立也；不知言，无以知人也。"

【译】

孔子说："不了解天命，就无法成为君子；不了解礼，就无法立身于世；不了解话语，就无法了解他人。"

【释】

这是《论语》终章，讲的是人生中的三大关键。"知命"，则见利不必趋，见害不必避；"知礼"，则手足有所措，言行能不妄；"知言"，则知人之品性，也可知人之才器。